슈퍼리치
부자들의 3분

옥은택 지음

하는 일마다 잘 되는 **상위 3%** 기록의 비밀

슈퍼리치
부자들의 3분

옥은택 지음

프롤로그

스스로 게으르다 생각하고 있는가? 잘 찾아왔다. 이 책은 당신을 움직이게 만들 것이다.

손에 쥐고 있는 스마트폰을 내려놓게 만들고 당신의 손에 펜을 쥐여 줄 것이다.

흰 종이 위에 펜이 닿으며 새로운 선이 창조되는 것처럼, 당신의 삶 위에 기록이 더해지면 새로운 삶이 펼쳐진다. 당신이 할 일은 아주 간단하다.

그것은 바로 '직접 펜을 들고 종이 위를 당신의 기록으로 채우는 것'이다.

당장 무엇을 적어야 할지 떠오르지 않는다고? 걱정하지 마라. 기록하는 방법은 책 속에 모두 담겨있다.

자기계발을 해도 미래가 보이지 않는가?
책을 읽어도 변화가 없는 것처럼 느껴지는가?
당신의 목표가 뚜렷하게 보이지 않는가?
매일 할 일은 많은데 시간은 부족한가?
삶을 변화시키기 위해 어떤 노력을 해야 할지 모르겠는가?
지금보다 더 나은 삶이 머릿속에 그려지지 않는가?

불과 몇 년 전까지 나는 그저 의욕만 가득한 연봉 2천만 원을 받던 회사원이었다. 막연하게 지금보다 더 나은 삶을 살고 싶다는 욕심만 가득한 채 살아갔다. 회사 내에서도 누구보다 열심히 살기 위해 노력했지만 큰 효과가 없었고 인생은 그다지 달라지지 않았다.

그러다 기록을 시작하면서 인생이 변화하기 시작했다. 내 삶을 기록하면서 매일 의미 있는 순간들로 채워나갔다. 내게 주어진 시간을 기록하면서 생산성을 높이고 할 수 있는 일의 양을 늘려나갔다. 목표를 기록하며 내가 원하는 모습을 현실로 만들었다. 긍정을 기록하며 삶의 불평과 불만은 사라졌다. 그리고 행복과 만족감이 삶을 가득 채웠다. 나는 완벽한 사람이 아니기에 한 치의 흐트러짐 없이 매일 기록하지는 못했다. 하지만 빈 공간을 메워가며 어떻게든 꾸준히 기록하려고 노력했다.

그렇게 기록은 내 삶을 바꿨고 만 29살에 연 매출 20억 원 규모의 회사 CEO가 되었다. 꾸준한 기록은 원하는 삶을 살게 해주었고 목표를 이뤄내도록 도와주었다. 지금의 나는 이전보다 더 멋지고 높은 목표를 갖고 있지만 전혀 불안하지 않다. 지금까지 내가 해왔던 것처럼 기록을 통해 더 나은 미래를 만들면 된다는 확신만을 갖고 있다.

이 책은 당신의 삶을 최고의 모습으로 만드는 데 필요한 모든 기록법을 담고 있으며 당신의 인생을 돕는 가이드가 되어 아주 구체적이지만 효과적인 방법을 알려 줄 것이다. 앞으로 만나게 될 책 속의 가이드는 당신의 인생에 아래와 같은 도움을 선사할 것이다.

첫 번째, 분명한 3가지 목표를 스스로 세울 수 있도록 돕는다.
두 번째, 3년 후 당신이 꿈꾸는 모습이 현실이 되도록 돕는다.
세 번째, 삶에서 긍정적인 생각을 3배 더 많이 하도록 돕는다.
네 번째, 매일 남들보다 3배 더 효율적인 하루를 살도록 돕는다.
다섯 번째, 짧은 3분의 시간이라도 의미 있게 사용하도록 돕는다.

잠시 당신에게 한 가지만 묻겠다. 당신의 목표는 기록되어 있는가? 기록되어 있지 않다면 당신의 목표는 '망상' 그 이상 그 이하도 아니다. 만약 기록되어 있지만 목표를 향해 나아가고 있다는 확신이 없다면 당장 뜯어고쳐야 한다.

당신이 불안한 이유는 명확하지 않은 목표에 있다. 이 책은 당신에게 아주 분명한 기록의 방법을 제시할 것이다. 당신은 그저 실천하기만 하면 된다. 지금까지는 방법을 몰랐을 뿐이다. 이 책을 읽고 실천한다면 당신의 삶은 무조건 변화한다. 펜을 들고 따라오기만 하면 당신의 인생은 새롭게 시작된다.

무조건 더 노력하라고, 빨리 실행하라고 당신을 훈수하는 책이 아니다. 내면의 90%를 차지하는 무의식의 영역을 움직여 당신의 마음속 깊은 곳까지 목표가 새겨지도록 돕는 책이다. 당신의 목표가 생생하게 살아 숨 쉬도록 기록하는 법을 알려줄 것이다.

방향성 없이 노력하고 실행하다 지쳐버린 무기력하고 부정적인 삶은 이제 접어 두라. 기록을 통해 긍정과 행복으로 당신의 삶을 채워라. 매일 아침 행복한 기분으로 아침에 눈을 뜨게 될 것이다.

이 책은 단순히 노트를 잘 정리하는 스킬을 담은 책이 아니다. 단단하게 기반을 다져놓지 않으면 건물이 쉽게 무너지는 것처럼 내면이 다져지지 않은 상태에서 실천하는 표면적인 스킬은 수박 겉핥기에 불과하다. 당신이 지금까지 수많은 시간 관리 방법을 실천하고도 실패한 이유가 바로 이것이다. 이제 당신은 본질에서부터 출발해야 한다.

당신의 내면 깊숙한 곳에 분명한 목표를 새기는 것이 시작이다.
당신의 삶의 모습이 목표로 향하게 하는 것이 우선이다.
당신의 삶에 찾아오는 수많은 상황들을 긍정적으로 받아들이는 것이 먼저이다.

기록을 실천하면 이 모든 것이 가능해진다. 기록은 펜을 드는 것에서부터 시작된다. 당신은 삶을 변화시킬 준비가 되었는가? 기록은 삶을 변화시키는 마법이다. 기록을 실천하면 당신은 원하는 모습으로 살아갈 수 있다. 지금 함께 변화를 향한 한 발을 내딛어 보자.

목차

프롤로그 … 4

1장
지금 당신의 꿈의 목적지를 기록하라

지금 당장 펜을 집어 들어라 … 14
지금 당장 분명한 3가지 목표를 적어라 … 21
3가지 목표를 현재형 문장으로 기록하라 … 28
3년 후의 모습을 구체적으로 시각화하라 … 34
3가지 목표가 이루어진 모습을 구체적으로 묘사하라 … 39
매일 목표를 3번씩 말하고, 이루어진 것처럼 행동하라 … 46
기분 좋아지는 3가지 문장을 적어라 … 53
목표 달성의 가장 큰 방해 요인을 제거하라 … 58
목표를 주변에 선언하라 … 65
꿈의 기록으로 부자가 된 3%의 이야기 … 71

2장
무의식을 움직이는 기록으로 꿈을 가속하라

당신의 기록은 무의식을 움직인다 … 80
잠들기 직전 3가지 목표를 기록하라 … 86
매일 3번의 기록으로 목표를 깊게 각인시켜라 … 91
항상 긍정적인 문장으로 기록하라 … 98
감사 문장 3가지로 잠재의식을 움직여라 … 105
목적지는 최대한 구체적으로 적어라 … 113
무의식을 깨우는 3가지 말버릇 … 118
당신의 목표를 이미지화하라 … 126

3장
당신의 하루를 기록으로 지배하라

단 3분의 의지로 하루를 바꿀 수 있다 … 132
아침 3분 긍정 기록으로 하루를 시작하라 … 138
중요한 3가지의 할 일을 정하라 … 144
하루의 기록으로 매일 성장하라 … 150
하루의 기록을 따르면 마음이 편하다 … 157
실행도 기록으로 극대화하라 … 163
당신만의 덩어리 시간을 만들어라 … 170
한 시간을 3개로 쪼개어 활용하라 … 176
하루의 주인은 바로 당신이다 … 181

4장
기록은 나를 사랑하는 가장 쉬운 방법

자신과 대화하는 3분의 기록 시간을 만들어라 … 188
부정적인 생각도 3분의 기록으로 해소하라 … 194
자신을 향한 긍정 확언을 3배 더 많이 적어라 … 200
기록으로 이루면 스스로 선물하라 … 206
기록으로 자존감을 올려라 … 213
기록은 내 삶을 의미 있는 시간으로 채워 준다 … 224
결국 내 손으로 만든 기록이 내 인생을 만든다 … 230

5장
기록의 마법, 3가지 핵심 비법

첫 번째, 행운을 부르는 3가지 기록 … 236
두 번째, 목표를 이루는 3가지 기록 … 240
세 번째, 성공을 부르는 3가지 기록 … 243

에필로그 … 246

1장

지금 당신의
꿈의 목적지를
기록하라

지금 당장
펜을 집어 들어라

1962년, 캐나다에서 태어난 한 소년이 있었다. 그의 아버지는 안정적인 직업을 갖고 있었기에 부족함 없는 삶을 살고 있었다. 하지만 그가 12살이 되었을 때, 아버지는 회사에서 쫓겨났고 집은 가난해졌다. 그는 안정적인 직업을 선택하고도 실패한 아버지를 보며 자신은 원하는 일을 하며 살겠다고 마음먹었다. 그렇게 그는 유명한 코미디언을 꿈꾸며 17살 때 미국 할리우드로 건너갔다. 미국으로 넘어올 때의 기대와는 달리 상황은 생각한 대로 잘 풀리지 않았다. 10년이 넘는 기나긴 무명 생활이 이어지며 버려진 차 안에서 잠을 자야 할 정도로 가난한 생활을 해야 했다. 그러던 어느 날, 그는 이대로는 안 되겠다 싶어 문구점에서 백지수표를 하나 샀다. 그리고 펜을 들고 수표에 내용을 적었다.

'출연료=1,000만 달러, 지급일=1995년 추수감사절'

그는 가짜 수표를 아버지에게 드리며 "유명한 배우가 되어 꼭 1,000만 달러를 벌어 오겠다"라고 말했다. 가난에 힘들어하는 아버지를 기분 좋게 해 드리기 위한 말이었지만 그는 간절했다. 그는 수표를 지갑에 넣고 다니며 매일 반복해서 1,000만 달러짜리 수표를 꺼내 보았다. 그리고 자신에게 수표를 발행한 지 4년 후인 1994년 주연을 맡은 영화가 연속으로 흥행에 성공했고, 1995년 그는 실제로 출연료로 1,000만 달러를 받게 되었다.

이 사연을 듣고 '영화로 만들어도 욕먹을 이야깃거리인데?'라고 생각했는가? 미안하지만 이것은 실화이다. 백지수표에 1,000만 달러를 기록해 자신에게 지급한 그의 이름은 짐 캐리이다. 그는 영화 〈마스크〉, 〈덤 앤 더머〉 그리고 〈배트맨〉을 연속으로 흥행시키며 북미 최고의 배우이자 코미디언이 되었다.

못 믿겠다면 실제로 짐 캐리가 자신이 적은 수표를 보여 주는 영상이 유튜브에 있으니 한번 찾아보라!

우리는 짐 캐리의 이야기에서 그의 2가지 행동에 주목할 필요가 있다. 그는 먼저 '자신이 원하는 것을 기록하는 행동'을 했다. 그리고 그것을 '매일 반복해서 들여다보는 행동'을 했다. **'기록하는 행동', 그리고 '매일 반복하는 행동', 이 2가지는 이 책 전체를 통틀어 가장 중요한 핵심**이다. 나는 6년 전 짐 캐리의 이야기를 듣고 그 자리에서 목표 3가지를 적었었다. 그리고 그것을 책상 앞에 붙여 놓고 매일 반복해서 들여다보았다. 내가 적었던 3가지 목표가 무엇이고 어떻게 됐는지 궁금한가? 잠시 후에 공개된다.

첫 번째 행동인 '기록'을 하기 위해서 가장 먼저 해야 하는 행동은 무엇일까? 그것은 아주 간단하다. 바로 **'펜을 집어 드는 것'**이다. 펜을 들고 나면 우리는 어디든지 기록할 수 있게 된다. 펜을 집어 드는 그 순간부터 우리는 새로운 힘을 얻게 된다. 스마트폰이 세상에 나오고 펜 없이도 기록할 수 있는 환경이 되었다. 주머니에 있는 스마트폰을 꺼내 언제 어디서나 간편하게 손가락으로 화면만 터치하면 메모할 수 있게 되었다. 오히려 펜을 들고 기록하는 것보다 편하다. 하지만 나는 펜을 집어야 한다고 당신에게 말하고 있다. 더 쉬운 방법이 있는데 왜 굳이 펜을 사용해야 할까?

사카토 켄지는 인기 도서 《뇌를 움직이는 메모》의 저자이다. 그는 자신의 책에서 "손이 뇌를 움직인다."라고 주장하며 "글자를 쓰는 행위가 사람의 두뇌를 활성화한다."라고 말한다.

우리가 스마트폰으로 메모할 때는 엄지손가락만 살짝 움직이게 된다. 하지만 실제 펜을 손으로 쥐고 기록하는 행위는 손과 팔의 수많은 근육이 사용된다. 그리고 기록하는 순간 펜의 끝부분에 우리의 모든 신경이 모이기에 뇌가 집중 상태로 들어가게 된다. 또한 화면을 터치하는 것보다 글자의 획을 그어나가는 행위는 훨씬 더 빠르고 더욱 깊게 우리의 뇌에 각인된다.

　스마트폰으로 기록하는 것은 회의와 같은 공적인 자리에서는 더욱 역효과를 낸다. 스마트폰을 들고 있는 모습을 보는 상대방이 내가 대화에 집중하고 있는지, 아니면 딴짓하고 있는지 알 수가 없다. 그러한 불확실성은 무의식적으로 상대방의 신경을 분산시킨다. 그러면 대화의 집중도가 떨어지고, 생산적이고 창의적인 회의로 이어지기 어렵다. 또한 스마트폰에 기록을 하면 알림이 뜰 때 종종 집중이 분산되기도 한다.
　반면, 대화 중에 펜을 들고 있으면 상대방과 눈을 마주치며 회의 내용을 기록할 수 있다. 그러면 상대방과의 대화에 온전히 집중할 수 있게 된다. 또한 펜으로 기록하면 글자의 크기, 색상을 변경하거나 간단한 도형을 자유롭게 추가하며 기록할 수 있다. 그렇게 기록한 자료는 나중에 다시 볼 때 더욱 생동감 있게 회의를 떠올리게 해준다. 이처럼 펜을 들고 기록하는 것은 스마트폰보다 훨씬 더 효과적인 기록 수단이다.

삼성전자의 이건희 회장은 '기록'의 중요성을 직원들에게 늘 강조했다. 그의 기록 습관은 위 세대인 삼성전자 창업주 '이병철 회장'에서 시작된다. 이병철 회장은 메모광으로 유명했다. 그는 언제나 펜과 수첩을 들고 다니며 기록했다. 사소하게 해야 할 일부터 큰 사업을 구상하는 것 모두 기록으로 만들어 냈다. 그가 한 언론과 인터뷰에서 한 말을 잠시 들어 보자.

"저는 일어나서 제일 먼저 목욕합니다. 목욕하고 정신이 깨끗해지면 곧장 그날 할 일을 메모합니다. 그러면 15~16가지가 저절로 생각납니다. 그리곤 어제한 메모와 대조해 보충합니다."

이병철 회장은 퇴근 무렵까지 메모한 내용 중에 실천하지 못한 것이 있으면 다시 수첩에 옮겨 적어 집으로 가져갔다. 그리고 그것을 다음날 아침 할 일을 기록하는 데 다시 활용했다. 이러한 '기록 습관'은 회사의 중요한 행동으로 전파되었고 지금의 삼성이라는 위대한 기업을 만드는 기틀이 되었다.

미국의 16대 대통령인 에이브러햄 링컨은 항상 모자 안에 메모지와 필기구를 넣어 다니며, 생각과 떠오르는 말들을 메모해 두었다. 그는 수시로 기록했고, 독서를 하면서도 기억에 남는 문구나 이야기를 메모지에 펜으로 기록했다. 링컨은 대중 연설문을 대필 없이 직접 작성하기로 유명했는데, 연설문을 쓸 때면 메모에 적은 내용을 참고하며 적었다고 한다. 그는 훌륭한 연설들을 세상에 남겼고 노예 해방이라는 엄청난 업적을 임기 중에 만들어 냈다.

이병철 회장과 링컨 대통령의 사례처럼 기록은 습관적으로 반복하는 것이 중요하다. 한 번 기록하는 것보다 반복해서 기록하는 것이 더욱 큰 힘을 갖는다. 많은 위대한 사람들은 기록하는 습관을 갖고 있다. 그 이유는 무엇일까?

앞서 언급한 사가토 켄지의 말처럼 기록은 우리 뇌에 집적적인 영향을 미친다. 우리 뇌의 용량은 한정적이며, 기억할 수 있는 시간도 제한적이다. 기록은 뇌에 있는 생각이 사라지기 전에 옮겨두는 유용한 도구가 된다. 이병철 회장과 링컨 대통령이 남들보다 뇌의 용량이 더 컸기 때문에 더 많은 일을 할 수 있었던 것이 아니다. 그들은 기록을 통해 또 다른 저장 공간을 확보해 두었던 것이다. 기록은 뇌에 있는 생각을 꺼내는 도구로써 생각과 뇌를 분리시켜 준다. 만약 기록하지 않고 모든 걱정을 머릿속에 그대로 넣어 둔다면 걱정들은 내가 생각하지 않아도 수시로 떠오르게 된다. 걱정을 스스로 통제할 수 없는 상황이 되는 것이다. 하지만 펜을 잡고 걱정과 생각을 노트로 옮기게 되면 머릿속에서 빠져나가 종이로 옮겨진다. 그때부터 뇌는 다른 생각을 하고 더욱 창의적인 것들을 떠올릴 수 있는 상태로 세팅된다.

이 책을 집어 든 당신은 '삶을 원하는 모습으로 변화시키고 싶다.'라고 생각하고 있을 것이다. 현재 당신의 어떤 모습은 어떤가? 당신의 어떤 모습을 변화시키고 싶은가? 원하는 모습이 어떤 것이든 상관없다. **펜을 들고 기록한다면 당신이 원하는 변화는 시작된다.** 지금 당장 펜을 들고 기록을 시작해 보자.

지금 당장 분명한
3가지 목표를 적어라

작은 일도 목표를 세워라.
그러면 반드시 성공할 것이다.

– 로버트 H. 슐러

　서울에서 미국 뉴욕까지의 직선거리는 약 11만 km이다. 하늘에는 땅처럼 길이 나 있지도 않고 기류로 인한 수많은 불확실성이 존재한다. 비행기가 착륙하는 활주로는 우리가 보기에는 커 보이지만, 실제 지도를 놓고 보면 보이지 않을 정도로 작다. 하지만 비행기는 그러한 불확실성 속에서도 정확한 시간에 정확히 활주로에 착륙한다.

우리는 살면서 수많은 목표를 설정한다. 누군가는 목표를 달성하는 반면 누군가는 달성하지 못한다. 그 이유는 무엇일까? 우리는 비행기가 목적지에 정확하게 도착하는 것과 목표를 달성해 내는 사람에게는 아주 중요한 공통점이 있다는 것에 주목해야 한다.

엄청난 목표를 이루어낸 인물 중에 아놀드 슈왈제네거가 있다. 그는 세계적인 보디빌더이자 영화배우이다. 거기에 더해 정치인으로서 캘리포니아 주지사까지도 역임했다. 남들은 살면서 하나도 이루기 힘든 것을 그가 모두 성취할 수 있었던 비결을 한번 들여다 보자.

오스트리아에서 태어난 그는 15살 때부터 '세계 최고의 보디빌더'가 되겠다는 명확한 꿈을 갖고 있었다. 그는 목표를 이루기 위해 미국으로 가고 싶었지만 당장 돈이 없었고, 18세의 나이로 군대에 입대했다. 군대에서도 그는 '세계 최고의 보디빌더'라는 분명한 목표를 항상 마음속에 새긴 채 살아가고 있었다. 그가 군대에 있는 동안 18세에만 참가할 수 있는 '주니어 미스터 유럽 선발대회'가 열린다는 소식이 들렸다. 18세인 아놀드에게 올해가 참가할 수 있는 마지막 기회였기에 탈영을 감행하여 대회에 참가했다. 그리고 아놀드는 대회에서 우승을 차지했다. 탈영이라는 큰 죄를 지었지만, 대회에서 우승했다는 이야기를 들으며 감동한 상관은 부대 안에서 그가 운동에 전념할 수 있도록 전폭적인 지지를 해 주었다.

군대에서 몸을 다진 아놀드는 제대 후 20살에 '미스터 유니버스'를 최연소로 우승했다. 그리고 미국으로 건너가 23세의 나이로 보디빌딩 최정상 대회인 '미스터 올림피아'에서 우승하며 '세계 최고의 보디빌더'가 되었다.

그는 매 순간 '세계 최고의 보디빌더'라는 분명한 목표를 갖고 있었다. 분명한 목표는 그가 하루에 5시간 이상 운동할 수 있는 원동력이 되었다. 그는 세계 무대에서 우승하는 모습을 그리며 매일 꾸준히 운동했다. 군대라는 벽에 부딪혔을 때도 분명한 목표는 탈영을 감행하는 용기를 주었고 그가 행동하게 했다. 분명한 목표는 우리가 무엇을 해야 하는지 알려주고 목표를 향해 움직이게 만든다.

세계 최고의 보디빌더가 된 아놀드는 다음으로 세계적인 영화배우, 캘리포니아 주지사 그리고 멋진 여자와의 결혼이라는 '분명한 3가지 목표'를 설정했다. 그렇게 다음 목표를 달성하기 위해 그는 또다시 행동했다. 그렇게 아놀드는 1984년 〈터미네이터〉라는 영화를 통해 미국 최고의 영화배우라 칭함을 받았으며 1986년 정치

명문가 출신의 여성과 결혼했고, 2003년 캘리포니아 주지사로 당선 됐다.

분명한 목표가 세워지면 지금 무엇을 해야 하는지 알게 된다. 무엇을 해야 하는지 알게 되면 실행하게 되고, 꾸준한 실행은 목표를 이루는 엄청난 힘이 된다. 그렇기에 **당신이 목표로 가기 위해 해야 할 첫 번째 일은 '분명한 3가지 목표를 설정하는 것'**이다.

혹시 "저는 딱히 목표가 없어요."라고 말하는 사람이 있는가? 목표라는 말이 거창해 보이지만 쉽게 말하면 원하는 것이다. 누구나 "좋은 차를 사고 싶다."던가 "좋은 곳으로 여행을 떠나고 싶다."와 같은 소망이 있다. 목표는 그런 소망에서 시작된다. 남들이 볼 때 거창한 것만이 목표가 아니다. 그저 내가 원하는 것이 무엇인지, 내가 되고 싶은 모습은 어떤 모습인지 생각해 보라. 원하는 것을 떠올렸다면 이제 그것을 목표로 만들어야 한다. 추상적인 목표가 아닌 명확한 목표여야 한다. 그러면 왜 명확한 목표가 중요한 것일까?

당신이 택시를 탔다고 가정을 해 보자. 기사님에게 "좋은 카페로 가 주세요."라고 말하면 "네, 목적지까지 안전히 모시겠습니다."라고 말하며 출발할 것 같은가? 절대 그런 일은 없을 것이다. 기사님은 당황하면서 "어디로 가야 하죠?"라고 반문할 게 분명하다. 우리는 "팔당 리버사이드 스타벅스로 가 주세요."처럼 분명한 목적지를 말하거나 정확한 주소를 말해야 한다. 그러면 택시 기사님은 아무런 고민 없이 가장 빠른 경로를 찾아 당신이 원하는 곳으로 데려다줄 것이다.

택시도 목적지가 분명해야 도달하는 것처럼, 우리의 목표도 분명해야 도달할 수 있다. '좋은 차'라는 목표에서 '좋은'이라는 단어는 추상적이기에 정확한 이미지를 떠올리기 어렵다. 누군가에게는 국산 차가 좋은 차일 수도 있고, 누군가는 람보르기니는 되어야 좋은 차라고 생각할 수도 있다. 그렇기에 당신이 원하는 차량의 모델명은 무엇이고, 금액은 얼마이고, 어떤 옵션을 갖고 있으며, 원하는 색상은 무엇인지 정확하게 정해야 이미지를 떠올릴 수 있다. 그리고 차의 정확한 가격을 안다면 현재 가진 돈과 수입을 계산해 언제쯤 차를 살 수 있을지 목표 시점을 정할 수도 있다.

아놀드 슈왈제네거처럼 나도 3가지 목표를 세우고 그것을 이룬 적이 있다. 2015년 7월 나는 이전 회사에서 악착같이 모은 4천만 원을 투자해 사업을 시작했다. 하지만 예상했던 것과 다르게 개발이 지연되었고 투자한 돈은 1년 만에 모두 바닥이 났다. 그 당시 돈이 다 떨어져 어머니에게 500만 원을 빌려 겨우 급여를 지급했었다. 3년간 악착같이 모은 돈은 1년도 안 되는 기간에 사라져 버렸다. 게다가 급여도 제대로 줄 수 없는 상황이 되니 매우 절망적이었다. 그러다 짐 캐리의 사연을 듣게 되었고 나도 '이렇게 끝낼 수는 없다!'라고 다짐하며 책상에 앉아 3가지 목표를 적었다.

"첫 번째, 지하 공장을 탈출했다."
"두 번째, 연 매출 10억 원을 달성했다."
"세 번째, 좋은 동료 10명과 함께 일하고 있다."

그 당시 나는 2명의 직원과 지하 2층에 있는 30평의 작은 공장에서 일하고 있었다. 그리고 연 매출은 3천만 원도 채 되지 않았다. 위에 적은 3가지 목표는 현실적으로 보면 불가능했다. 하지만 나는 분명한 3가지 목표를 세웠고 종이에 기록한 후 책상 앞에 붙였다. 그리고 매일 목표를 들여다보았다.

그러던 2017년 초, 새로운 사업 아이템이 시장에서 반응하기 시작했다. 작은 기계 부품 하나로 시작한 사업은 기계를 판매하는 영역까지 확장이 되었고 매출은 점점 올라갔다. 그로 인해 2018년 7월, 회사는 지상 80평 공장으로 이전했고 그 후 1년도 안 돼서 150평으로 다시 확장했다. 다음 해인 2019년에는 목표로 기록해 두었던 매출 10억 원을 달성했으며, 그 해 연말 워크숍을 갔을 때 총인원은 10명이었다.

목표는 읽는 순간 머릿속에서 바로 떠오를 수 있도록 명확하게 적혀야 한다. 먼저 '3가지의 분명한 목표'를 적어보길 권한다. 목표가 너무 많으면 기억할 수도 없다. 3가지면 충분하다. 우선 펜을 들고 목표를 적어 보자. 어떤 목표라도 좋다.

자신이 원하는 것이 무엇인지 잠시 눈을 감고 생각해 보자. 직업, 돈, 차, 집, 건강, 사랑 무엇이든 좋다. 처음에는 구체적인 목표를 떠올리기 힘들 수도 있다. 우선 본인이 생각할 수 있는 범위 내에서 최대한 구체적으로 만들어 보면 된다. **펜을 들고 3가지 목표를 적는 것, 그것이 시작이다.**

지금 당장 펜을 들어라. 그리고 당신이 원하는 분명한 목표 3가지를 아래에 적어 보자.

당신의 목표 3가지

1. _____

2. _____

3. _____

3가지 목표를
현재형 문장으로 기록하라

과거에 사는 사람은 우울하고, 미래에 사는 사람은 불안하고,
현재에 사는 사람은 평화롭다.

- 노자(老子)

　미국의 대표적인 심리치료사이자 세계적인 인기 도서 작가인 루이스 L. 헤이는 수많은 저서를 통해 자신을 사랑하고 감사하는 마음을 독자들에게 전파했다. 그녀는 감사를 통해 전 세계 5천만 독자의 인생을 변화시켰다. 그녀는 저서 《나는 할 수 있어》에서 현재의 중요성에 대해 이렇게 말했다.

"당신이 자기 확언을 말할 때는 현재 시제로, 생략하지 않고 사용하는 것이 중요하다."

그녀는 책을 통해 우리가 현재에 집중해야 하며 현재는 항상 긍정적인 것들로 가득 채워져야 한다고 말했다. 이전 장에서 당신은 3가지 목표를 적었다. 목표는 미래를 기준으로 생각하는 것이 맞지만 목표를 기록하거나 확언할 때는 현재형으로 적어야 한다. 높은 목표를 미래형으로 기록하면 그저 갈망하는 대상으로만 남을 가능성이 크다. 나의 노력으로는 불가능하고 큰 운이 찾아와야 이루어질 것처럼 크게 느껴진다. 만약 목표를 볼 때 이렇게 느낀다면 '지금 내 모습은 목표와 너무 달라서 이루어지기 힘들 거야.'라고 스스로 말하는 것과 같다.

인간은 의식적으로 긍정적이려고 노력하지 않으면 부정적인 것을 무의식에서 먼저 떠올린다. 그렇기에 목표는 읽는 순간 긍정적으로 느껴지도록 해야 한다. 그러기 위해서는 목표를 현재형 문장으로 적어야 한다.

이제 위에서 내가 적은 3가지 목표를 보면 '현재형'(혹은 과거형)으로 쓰여 있는 것을 알아챘을 것이다. 처음에 나도 모든 목표를 미래형으로 적었고 목표는 내가 지금 갖고 있지 못한 것이라 느꼈다. 그러다 보니 "목표를 달성할 수 있을까?"라는 부정적인 생각이 떠올랐고 결국 목표를 더 작게 수정해 버린 적도 있었다. 하지만 현재형으로 목표를 바꾸고 나서는 목표가 다르게 느껴졌다. 현재형 문장의 목표를 볼 때면 이미 이루어진 것처럼 느껴졌다. 목표를 현재형으로 바꾸어 표현하는 것만으로도 목표에 관한 생각을 긍정적으로 전환할 수 있었다.

루이스 L. 헤이는 이런 말을 했다.
"당신이 유일하게 사는 것은 지금, 이 순간이다. 우리는 오직 이 순간만을 통제할 수 있다. 과거는 지나간 역사가 되어 버렸고, 미래는 알 수 없는 일이다. 지금, 이 순간만이 유일하게 우리에게 주어진 선물이다."

이미 일어난 과거는 우리가 바꿀 수 없다. 과거를 통제하려 하는 행위는 미친 짓이다. 과거에 갇히면 후회, 걱정, 부끄러움과 같은 부정적인 감정만 남을 뿐이다. 미래도 수많은 변수가 존재하기에 완벽하게 통제할 수 없다. 먼 미래일수록 더 많은 변수가 존재하며 우리의 통제력은 줄어든다. 하지만 지금, 이 순간 '현재'만은 우리가 스스로 선택할 수 있다. 그렇기에 **우리는 목표를 미래에 두는 것이 아니라 현재로 가져와야 한다.**

나는 현재 새벽 5시에 글을 쓰고 있다. 오늘 4시에 눈을 떴는데,

그 순간 나는 선택을 해야 했다. 더 잘 것인가, 아니면 일어나서 글을 쓸 것인가. 나는 글을 쓰기로 선택했고 책상에 앉았다. (사실 선택하기 전까지도 20분이나 걸렸으며, 스마트폰을 만지작거리며 시간을 낭비했다.) 새벽에 눈을 떠서 내가 한 선택과 지금 하고 있는 행동은 오늘 나의 하루를 아주 가볍게 해 줄 예정이다. 오늘의 가장 중요한 일을 아침에 완료했기 때문이다.

현재 내가 한 선택을 통해 가까운 미래를 내가 원하는 모습으로 만들 수 있다. 현재를 충실히 살아 눈앞의 미래를 긍정적으로 만들어 가는 힘이 반복되면 간절히 원하던 최종 목적지에도 자연스럽게 도달할 수 있다. 내 목표는 이 책을 출간하는 것이고 목표를 이루기 위해 매 순간 선택했다. 그렇게 올바른 선택이 쌓여 당신이 지금 읽고 있는 책으로 나올 수 있게 된 것이다.

잭 캔필드는 미국의 대표적인 성공학 강사이다. 그는 꿈의 목적지에 도달하는 방법을 운전에 비유했다.

"야간 주행을 생각해 보라. 헤드라이트는 고작 전방 50~100m 밖에 비추지 못하지만, 당신은 그 차를 몰고 캘리포니아에서 뉴욕까지도 갈 수 있다. 전방 100m만 보여도 충분하기 때문이다. 인생이 우리 앞에 펼쳐지는 모습도 이와 같다. 전방 100m가 펼쳐지고 나면 다음 전방 100m가 펼쳐지고, 다시 다음으로 100m가 펼쳐지고, 그렇게 나아간다고 믿으면 삶은 계속 이어진다. 그리고 결국

에는 진정으로 원하는 게 무엇이든 그 목적지에 다다를 것이다. 당신이 원했기 때문에…."

캔필드의 말처럼 당신이 한밤중에 서울에서 부산까지 운전한다고 상상해 보자. 당신은 부산이라는 명확하고 분명한 목적지를 갖고 고속도로를 달려가고 있다. 눈앞에는 라이트가 비추는 100m 남짓 되는 도로만 보이고, 표지판에도 부산은 보이지 않는다. 하지만 당신은 고속도로를 쭉 따라가다 보면 부산에 다다른다는 것을 명확히 알고 있기에 액셀러레이터를 계속 밟는다. 부산에 도착하는 것은 먼 미래이지만, 헤드라이트가 비추는 100m는 내가 변화시킬 수 있는 가까운 미래이다. 현재 내가 한 선택으로 눈앞의 미래는 바뀐다.

현재를 통제하며 가까운 미래를 원하는 모습으로 만들다 보면 멀게만 느껴졌던 목적지는 어느새 내 것이 되어 있다. **우리의 목표는 미래에 있는 것이 아니라 현재에 있어야 한다.** 목표 문장을 현재형으로 바꾸는 것만으로도 목표는 현재로 당겨진다. 당신이 기록한 목표를 다시 들여다보자. 목표 중에서 미래형으로 되어 있는 것을 모두 현재형으로 바꿔 보자. 이 과정을 통해 목표는 자연스럽게 현재로 와서 기분 좋은 현실이 된다.

당신의 현재형 목표 문장 3가지

1 _____

_____

2 _____

_____

3 _____

_____

3년 후의 모습을
구체적으로 시각화하라

당신은 무엇이든 원하는 대로 되고,

하고, 얻을 수 있다.

– 조 바이탤리

 혹시나 아직도 당신의 목표를 기록하지 않았다면 지금이라도 늦지 않았다. 당장 펜을 들고 앞으로 돌아가 목표를 적고 오자. 너무 멋진 목표를 세우려고 애쓰지 마라. 어떤 목표라도 좋으니 당신이 생각할 수 있는 선에서 목표를 적어 보자. 당신의 분명한 목표 3가지를 적어야 앞으로의 단계가 의미 있다. 목표를 적었다면 다음으로 넘어가 보자.

지금부터는 당신의 목표를 현실로 만들려는 방법을 알아보고 실천하는 단계이다. 첫 번째 단계는 '기한을 설정하는 것'이다. 만약 당신의 목표가 '결혼'이라면 몇 살이 되었을 때 결혼하고 싶은가? 1억 원을 모으는 것이 목표라면 언제까지 모을 것인가? 명확한 목표에는 명확한 기한이 함께 있어야 한다. 기한이 없는 것은 단순히 소망에 불과하다. 하지만 기한을 설정하는 순간 그것은 목표로 바뀐다.

미국 최고의 동기 부여 전문가이며 인기 도서 작가인 브라이언 트레이시는 목표 설정의 12단계를 제시했다. 그중 세 번째 단계로 "기한을 정하라(Set a Deadline)"라고 이야기한다.

"목표에는 반드시 기한이 있어야 합니다. 목표가 원대한 것이라면 최종 기한 전에 중간 기한을 단계 별로 정해 두는 것이 좋습니다."

여러분이 세운 3가지의 목표를 다시 한번 보자. 목표를 언제 이루고 싶은가? 목표는 얼마의 기한이 필요한가?

목표에 기한을 한번 세워 보자. 처음 목표를 세울 때는 3년 후를 기점으로 생각하면서 적어 보는 것이 가장 좋다. 1년 후의 목표를 세우게 되면 현실적으로 실현 가능하다고 생각되는 목표로만 설정하게 된다. 1년이라는 기간은 큰 변화를 만들기는 어려울 것이라는 프레임 속에서 목표를 세우게 된다. 1년 후 목표는 보통 시험에 합격하기, 자격증 취득하기와 같이 노력을 통해 달성할 수 있는 작은 목표로만 채워지게 된다. 물론 누군가에게는 시험이 아주 큰 인생의 목표일 수도 있지만 인생 전체로 보면 시험이 인생을 바꾸는 경우는 그리 많지 않다. 1년이 아닌 5년 후 목표는 어떨까? 아마 5년 뒤의 모습을 상상해 보라고 한다면 1년 후 목표보다 훨씬 더 큰 목표를 세우고 있을 것이다. 기간만 늘어났을 뿐인데 자신에 대한 평가가 높아진다. '쉽지는 않겠지만 5년 정도면 이 정도는 되어 있지 않을까?'라는 생각을 하고 목표를 세운다. 자신을 객관적으로 보지 못하게 되는 것이다. 그러면 추상적이기만 한 목표로 설정될 확률이 높아진다.

그래서 나는 3년 후를 목표의 기한으로 정해 보라고 말한다. 당신이 생각하는 목표 중에서 큰 목표를 세우기에 3년이라는 기한은 아주 적합하다. **3년이면 우리가 현실적으로 가능하다고 생각하는 것에서 벗어나 조금은 더 커다란 목표를 세울 수 있다.** 목표는 너무 소소하지 않고 구체적이며 도전적이어야 좋다.

코로나19 이후 우리나라도 개인 투자에 대한 관심도가 매우 높아졌다. 주식을 하면 패가망신한다는 말이 예전부터 있었지만, 최근에는 '투자하지 않으면 뒤처진다.'라는 생각을 가진 젊은 층들이 꽤 많아졌다. 주식 투자의 방법에는 여러 가지가 있지만 워런 버핏, 피터 린치 등 투자의 대가들은 자신이 성공한 투자 비결로 '가치투자'를 꼽는다. 그들은 50년이 넘는 기간 동안 꾸준히 수익을 내며 가치 투자의 힘을 입증했다. 우리나라의 많은 투자자가 존경하는 가치 투자자인 박성진 대표는 한 인터뷰에서 자신만의 기업을 선택하는 철학을 이렇게 서술했다.

"기업을 고를 때 3년이라는 시간을 두고 기업을 봅니다. 10~20년을 두고 기업을 예측하는 것은 불가능합니다. 하지만 3년 후에 이 회사가 지금보다 돈을 많이 벌 가능성이 꽤 크고, 3년 후에 벌 돈에 비해 지금이 충분히 저평가 되었는 가는 어느 정도 예측이 가능합니다. 그래서 저희는 3년에 2배가 될 기업을 찾고 투자합니다."

비즈니스와 투자의 세계는 복잡계이기에 예측할 수 없다고 많은 전문가가 말한다. 세계적인 기업도 예상치 못한 변수로 인해 몇 달 만에 파산하는 것이 비즈니스의 세계이다. 2008년 금융 위기에도 150년이 넘은 세계적인 투자은행인 리먼 브라더스가 짧은 기간 내에 파산하는 모습을 볼 수 있었다. 하지만 이런 비즈니스의 복잡계 안에서도 박성진 대표는 3년이라는 기간은 충분히 구체적인 계획을 그릴 수 있는 기간이라고 말하고 있다. 그리고 그가 세운 '3년에 2배'라는 수익률은 엄청나게 높은 목표이다. 기업이든 사람이든 5년, 10년 후의 미래는 수많은 변수가 존재하기에 예측하기 어렵다. 하지만 3년 후의 목표는 구체적으로 그릴 수 있고 높아 보이는 목표도 충분히 현실로 만들 수 있는 시간이다. **3년이라는 기한은 자신이 갖는 생각의 틀을 깨고 꽤 도전적인 목표를 잡기에 좋은 기간이다.**

당신의 3년 후 모습은 어떠했으면 좋겠는가? 전 장에 적은 목표를 3년 후로 초점을 맞춰 다시 기록해 보자. 오늘로부터 정확히 3년 뒤 당신은 어떤 모습일지, 어떻게 되기를 원하는지 생각해 보며 3가지 목표를 다시 적어 보자.

3년 후, 내가 이룰 목표 3가지

1. _____

2. _____

3. _____

3가지 목표가 이루어진 모습을 구체적으로 묘사하라

인간으로서 우리가 할 일은 원하는 대상을 집중하여 생각하고,
그 대상이 어떠해야 하는지 아주 명확하게 정하는 것이다.
- 존 아사라프

　　지금까지 당신은 3년 후의 목표 3가지를 만들어 냈다. 펜을 들고 직접 자신이 기록한 것을 볼 때 기분이 어떤가? 뭐라 설명하기는 어렵겠지만 자신도 모르게 기분 좋은 느낌을 받았다면 아주 잘 작성한 것이다. 이제 앞서 기록한 것들을 좀 더 구체적으로 만들어 볼 시간이다. '3년이라는 기한에 맞춰 목표를 수정했는데 더 구체적으로 적어야 한다고?' 맞다. 지금보다 더 구체적으로 적어야 한

다. 이미 당신의 목표가 기록되어 있기에 이번에는 좀 더 쉬울 것이다. **한 장씩 넘어가다 보면 여러분은 목표를 적는 것이 점점 쉬워질 것이다.** 일단 가벼운 마음을 갖고 다시 펜을 들어 보자. 3가지 목표와 3년 후 모습을 다시 떠올려 보자. 이번에는 그것이 이루어졌다고 생각하며 상황을 아주 구체적으로 적어 볼 것이다. 떠오르는 그대로 문장으로 표현하는 것이다.

다만 한 가지 주의할 점이 있다. **상황을 구체적으로 적을 때 스스로를 제한하지 말아야 한다.** 정말로 당신이 원하는 목표를 이루면 어떤 모습일 것 같은 것에만 집중하고 떠올리며 적어야 한다.

아주 구체적인 상황으로 적어야 하는 이유는 부정적인 생각을 없애기 위해서다. 앞서 내가 적었던 3가지 목표를 예로 들어 보겠다. 그 당시에 우리 회사는 망하기 직전이었다. 3가지 목표는 세웠지만 내 머릿속에서 구체적인 모습이 떠오르지 않았다. 지상으로 이전할 때 회사가 어떤 모습일지 정확히 떠오르지 않으니 마음이 갈팡질팡했다. 차를 타고 가다 좋은 곳이 보이면 저기에 가고 싶다는 생각이 들다가도, 갑자기 현실적인 나의 모습이 머릿속에 떠오르면 부정적인 생각으로 가득 찼다. 지금 회사의 매출과 자금 상황을 생각하면 '지상으로 이전하기는 어려울 거야.'라는 생각이 머릿속을 감쌌다. 부정적인 생각이 나를 현실에 가두어 버린 것이다.

그래서 나는 방법을 바꿔 더욱 구체적인 모습을 정하기로 했다. 정확히 내가 가고 싶은 공간의 모습은 어떤지 매우 구체적으로 적었다. 머릿속으로 회사의 모습을 상상하며 기분 좋은 감정을 느끼며 그대로 종이에 뱉어 냈다. 이미 현실이 된 것처럼 생각하며 미래를 현재 상황처럼 적었다.

'2018년 공장의 계약이 만료되는 시점에 맞춰 회사를 이전하게 되었다. 새로운 공간은 기존의 공간보다 2배 이상 커서 여유롭게 작업을 할 수 있게 되었다. 회사는 1층에 있으며 트럭이 진입할 수 있어 물류 상하차가 편리해졌다.

사무 공간은 따로 분리되어 집중하여 업무를 볼 수 있게 되었다. 작업 현장에는 냉난방기가 설치되어 겨울에는 따뜻하고 여름에는 시원하게 작업할 수 있다. 개선된 작업 환경에서 모든 직원은 만족하며 일하고 있고 성장하기 위해 함께 노력하고 있다.'

위의 글을 읽어 보면 어떤가? 내가 어떤 상황이었는지 정확히 몰라도 내가 가고 싶은 공간이 어떤 모습인지 머릿속에 그려지지 않는가? 당신이 앞에서 작성한 3년 후의 3가지 목표를 보자. 그리고 위에 적힌 예시처럼 각각의 목표를 아주 구체적으로 '묘사'해 보자. 목표마다 최소한 3줄 이상은 적는 것이 좋다.

아직 구체적인 모습을 떠올리기 어려운가? 그렇다면 좋은 방법이 있다. 방법을 소개하기 전에 목표한 모습이 잘 떠오르지 않는 이유를 잠시 알아보자. 목표를 구체적으로 상상하기 어렵다면 관련된 경험을 아직 해 보지 못했을 가능성이 크다. 10년 전까지만 해도 무언가를 경험하기 위해서는 직접 부딪히며 찾아다녀야 했다.

하지만 이제는 인터넷을 통해 내가 원하는 모습을 갖춘 사람들을 쉽게 볼 수 있게 되었다. 예를 들어, 미국 월스트리트에서 일하는 것이 목표라고 했을 때, "미국 월스트리트 생활"이라고 구글에 검색하면 이미 그곳에 사는 사람들을 직접 보고 그들의 이야기를 들을 수 있다. 현재 모습이 어떤지 사진과 영상도 볼 수 있다. 만약 영어로 검색한다면 10배나 더 많은 모습을 찾아볼 수 있다. 인터넷을 통해 목표하는 것을 이룬 사람들의 모습을 엿보면 당신의 미래를 더욱 구체적으로 떠올릴 수 있게 된다. 간접적으로 경험하게 되는 것이다.

세계적인 정신의학자 조셉 머피는 마음과 정신에 대해 깊은 관심을 가지고 연구하며 다양한 사람들을 만났다. 그가 만난 사람들의 이야깃거리를 엮은 《커피 한 잔의 명상으로 10억을 번 사람들》을 보면 목표를 상상하고 묘사하는 것에 관한 이야기가 담겨 있다.
 "당신이 진실로 원하는 게 무엇입니까? 그것이 확실하지 않다면 기도할 필요가 없습니다. 그런데 상담해 보면 자신이 무엇을 원하고 있는지 확실히 표현할 수 있는 사람이 별로 없습니다. 그저 막연히 행복이나 부(富), 명성 등을 원합니다. 하지만 막연한 소망은 실현 가능성도 그만큼 희박합니다. 그래서 저는 마음속으로 소망을 그리는 방법 하나로 소설이나 영화를 이용하라고 권합니다. 소설이나 영화 속의 생생한 장면을 빌려오는 것입니다. 저는 10여 년 전 미국 소설에서 여주인공이 증기선을 타고 대서양을 횡단하는 장면을 읽었습니다. 저도 그런 배를 타고 여행하고 싶었습니다. 저는 소설 속의 주인공과 저를 바꿔 그 정경을 상상했습니다."

이처럼 조셉 머피 박사도 구체적인 목표를 그리는 것에 대한 중요성을 말한다. 그도 소설에서 읽은 생생한 장면을 떠올리며 구체적인 목표를 세웠다. 실제 소설과 영화 속에 있는 주인공에 자신을 대입하며 상상을 더욱 구체화했다. 이어지는 다음 내용을 좀 더 살펴 보자.

"옛날에는 사람들이 목표를 세우기란 쉽지 않았습니다. 자신의 생활권 너머를 엿볼 수 없었기 때문이지요. 하지만 영국인 작가 H.G.웰즈는 어릴 때 어머니가 상류층 집에서 가정부로 있었기에 상류 생활을 엿볼 수 있었고, 자신도 그렇게 살고 싶어 했기에 그 꿈을 이룰 수 있었습니다. 그가 상류 사회를 엿볼 기회가 없었다면 목표를 구체적으로 세우지 못했을 것입니다. 영화는 그 자체가 하나의 세계를 제공해 주기에 소망을 구체화하는 데 큰 도움이 됩니다."

과거에는 소설 혹은 영화같이 한정된 정보만 접근할 수 있었다. 한정된 정보로 스스로 미래의 모습을 구체적으로 상상할 수 있어야 했다. 정보를 접할 수 없는 어려운 환경에 있는 사람들은 미래를 구체적으로 그리기가 쉽지 않았을 것이다. 하지만 지금은 주머니에서 스마트폰을 꺼내 원하는 모습을 검색만 하면 된다. 그러면 가장 최근 모습을 아주 생생하게 볼 수 있다. 자료들을 찾다 보면 내가 그것을 진정으로 원하는지 아닌지도 알 수 있다. 그들의 영상을 보며 부러워만 하지 말고 이제 그 모습을 당신의 미래로 만들어 보자.

지금 다시 펜을 들고 목표마다 3줄씩만 적어 보자. 목표를 이루어 행복해 하는 당신의 모습을 생생하게 떠올리며 구체적으로 기록해 보자. 글을 적으며 '이게 가능하다고?'라는 생각이 드는 순간 부정적인 생각은 던져 버려라. 3년 후에 무조건 원하는 대로 되어 있을 것으로 생각하며 적어라. 지금 당신이 적은 3줄의 구체적인 모습이 3년 후 당신의 모습이 될 것이다. 목표의 구체적인 모습을 지금 기록해 보자.

1번 목표를 이루었을 때 나의 모습

2번 목표를 이루었을 때 나의 모습

3번 목표를 이루었을 때 나의 모습

매일 목표를 3번씩 말하고, 이루어진 것처럼 행동하라

당신은 삶을 더 좋게 바꿀 수 있다.

당신은 이미 인생을 변화시킬 힘을 내면에 가지고 있다.

그 힘은 바로 당신의 생각과 신념 즉, 믿음이다.

- 루이스 L. 헤이

당신은 이 책을 펼치고 직접 펜을 들고 목표를 기록했다. 3가지 원하는 목표를 기록했고, 3년 후 목표가 이루어졌을 때, 모습을 구체적으로 적어 보았다. 미래의 모습을 현재형으로 적는 것이 조금은 어려웠을 수도 있다. 아직 일어나지도 않은 일을 현재 내 모습처럼 적는다는 것이 거부감이 들었을 수도 있다. 하지만 꼭 그렇게

해야 하는 이유가 있다. 그 이유는 바로 현재형 문장은 그것을 이룬 것처럼 만들어 주기 때문이다. 그것도 아주 분명하게 말이다.

베이브 루스는 메이저리그 명문 구단인 뉴욕 양키스에서 역대 최고의 선수로 칭송받는 선수이다. 그는 투수와 타자 모든 영역에서 누구보다 높은 기록을 세우며 미국의 야구 역사상 최고의 선수로 꼽혔다. 특히 그의 홈런 능력은 역대 선수 중 단연 최고였다. 그는 경기에서 특별한 퍼포먼스로 유명했는데 바로 '예고 홈런(called shot)'이다. 예고 홈런이란 말 그대로 경기 전 어떤 방향으로 홈런을 치겠다고 예고하는 것이다. 실력자들이 즐비한 메이저리그에서 일반 선수들에게 홈런 치는 것은 쉽지 않은 일이다. 심지어 원하는 위치에 공을 보낸다는 것은 거의 불가능에 가깝다고 볼 수 있다. 하지만 베이브 루스는 이미 자신이 홈런을 쳤다고 생각하며 말을 했고 경기에서 정확히 예고한 자리로 공을 넘기며 홈런을 만들어냈다. 이것이 가능했던 이유는 그가 이미 홈런을 친 모습을 명확히 머릿속에 그릴 수 있었기 때문일 것이다. 그 과정에서 스스로 믿었고, 현재형으로 말을 했다. 그리고 자신 말을 현실로 만들어냈다. 그는 전혀 의심하지 않았고 마음에는 자신에 대한 한 치의 의문도 존재하지 않는다.

베이브 루스의 신념과 같은 강한 믿음을 만들어내기 위해서는 훈련의 과정이 필요하다. 완벽하게 내 안에 있는 무의식에 목표를 심는 행동이 필요하다. 그 방법은 매일 목표한 모습을 적고, 매일 말하는 것이다. 만약 이것조차 하지 못한다면 그 목표는 당신에게 간절한 것이 아니다. 즉, 굳이 이루어질 필요도 없는 목표라는 말이다. 당신이 정말 이루고 싶은 목표라면 지금부터 훈련을 시작해 보자.

이전 장에서 적은 3가지 목표와 3년 후 모습을 A4 용지에 옮겨 적어 보자. 그것을 가장 잘 보이는 곳에 붙여 놓고 매일 3번씩 소리 내어 읽어 보자.

처음에는 목표를 보면서 읽어야 하겠지만 2주 정도 매일 반복하다 보면 자연스럽게 외우게 된다. 목표가 적힌 종이가 없이도 자신의 목표를 되뇌일 수 있게 된다면 훈련의 1단계가 완료된 것이다. 2단계는 목표가 적힌 종이를 보지 않고 매일 3번씩 목표를 말하는 것이다. 이때부터는 현재형으로 적은 모습이 나의 무의식에 들어오기 시작한다. 이 과정에서 목표가 현실이 될 가능성은 점점 더 커진다. 당신이 적은 목표가 아주 분명한 당신의 미래 모습을 담고 있기에 강한 힘으로 여러분을 목표로 이끌 것이다.

무라타 료타는 미들급 복싱 선수이다. 그는 2012년 런던 올림픽에서 쟁쟁한 선수들을 꺾고 값진 금메달을 따내 일본의 100번째 올림픽 금메달리스트가 되었다. 복싱 같은 격투기 종목에서는 체격이 굉장히 중요하다. 특히 아시아인은 서양인보다 몸집이 작으므로 미들급 이상의 중량에서는 굉장히 불리하다. 그렇기에 무라타 선수가 미들급에서 따낸 금메달은 다른 종목에서 따낸 메달보다 더욱 값진 메달이었다.

한 방송에서 올림픽 준비 기간에 무라타 선수의 집을 촬영한 적이 있었다. 방송이 나간 후 무라타 선수와 그의 아내가 한 행동이 화제가 되었다. 그 모습은 무라타 부부가 매일 냉장고 앞에 붙어있는 글을 함께 읽는 것이었는데 종이에는 이렇게 적혀 있었다.

"금메달을 땄습니다. 고맙습니다!"

그들은 올림픽에 나가기 전부터 금메달을 땄고 고맙다고 매일 외쳤다. 그 과정에서 그들은 금메달을 딴 모습을 매일 상상하였고 더욱더 강하게 믿었다. 2012년, 결국 그 외침은 현실이 되었고 무라타 료타는 일본 복싱 사상 2번째로 올림픽 금메달을 딴 선수가 되었다. 그는 금메달을 따기 전부터 목표를 현실로 말하는 훈련을 통해 이미 금메달을 얻었다고 생각했고, 그것을 굳게 믿었다.

이처럼 우리도 목표로 가기 위한 훈련이 필요하다. 훈련이라고 해서 거창한 것이 아니다. 앞에서 말한 2단계처럼 무의식으로 목표가 전달되도록 매일 기록하고 소리 내어 읽는 것뿐이다. 목표는 무라타 선수와 같이 가장 중요한 부분만 뽑아 짧은 문장으로 만들어도 된다. 목표로 한 모습이 분명하게 머릿속에 그려지기만 하면 된다. 가장 중요한 것은 매일 목표를 기록하는 것과 자신 입으로 목표를 매일 3번 이상 말하는 것이다. 목적지를 분명히 정하고 목표를 계속 말하다 보면 그것은 결국 현실로 이루어진다.

미국인이 선망하는 기업가 중의 한 명이자 인기 도서 작가인 존 아사라프는 자신의 책 《The Answer 해답》에서 목표를 달성하는 새로운 개념을 소개했다. 그것은 'RAS'라는 개념이다.

RAS는 Retucular Activation System의 약자로 '망상 활성화 체계'라고 부른다. 망상 활성화 체계(이하 RAS)는 포유류 뇌의 한 영역으로써 외부에서 받아들이는 모든 감각적인 입력 내용들을 걸러내는 '여과 장치'와 같은 역할을 한다. RAS는 수면, 호흡, 심장 박동 등 인간 생체의 중요한 기능을 관리하고 있는데 정리하자면, RAS는 인간의 의식과 무의식 사이의 필터 역할을 하면서 의식에서 들어온 정보와 명령을 무의식으로 전달하는 중요한 관문 역할을 하는 것이다.

그는 RAS에 명확한 목적지를 프로그래밍하면 RAS가 그곳으로 가는 방법과 경로를 알아서 찾아 준다고 말한다. 여기서 중요한 점은 명확한 목표의 목적지를 RAS에 제공하는 것이다. 매일 목표를 3번씩 말하는 것은 RAS에 정확한 목적지를 알려 주는 행동이다. 목적지를 반복해서 알려 주면 RAS는 자연스럽게 '저기가 도착지구나!'라고 인식하고 그곳으로 가는 길을 우리에게 열어 준다. 그러면 RAS가 알려 주는 길을 믿고 나아가면 된다. 그리고 이미 목적지에 도착한 것처럼 자연스럽게 행동하면 된다.

당신의 주변에서 성공한 사람들이 있다면 잘 관찰해 보라. 그들의 삶은 여유로워 보일 것이다. 여유로움은 걸음걸이에서도 드러난다. 그들은 평소에 급하게 걷거나 뛰지 않고 천천히 여유롭게 걷는다. 그런 행동이 그들을 더욱 여유로워 보이게 만드는 것이다. 성공한 사람들은 여유롭게 행동한다. 그렇지 않은 사람들은 삶이 조급해 보인다.

당신은 목표를 볼 때 어떻게 행동하는가? 당신의 목표가 지금의 현실과 다르다고 조급해할 필요 없다. 마음이 조급하다는 것은 내가 그 모습이 될 수 없다고 부정적으로 생각하는 것이다. 하지만 당신은 구체적인 3년 후의 모습을 갖고 있다. 그리고 RAS에게 명령만 하면 그곳으로 자연스럽게 이끌어 준다는 것도 알게 되었다. 이제 당신이 할 일은 RAS에게 목표를 계속 심어 주며 여유롭게 목표에 다다를 것을 기다리며 노력하는 것이다. 그 과정에서 목표를 이룬 것처럼 생각하고 행동하면 된다.

 무엇이든지 생각만 하고 아무런 행동도 하지 않으면 절대 현실이 되지 않는다. 우리가 해야 하는 행동은 매일 목표를 3번씩 읽으며 RAS에 목적지를 제공하는 것이다. 마음속에는 여유로움을 갖되 목적지를 분명하게 정하고 매일 꾸준히 목표를 기록하고 말하는 것이 중요하다. 오늘부터 매일 3번씩 목표를 말하자. 그리고 목표들이 이미 이루어진 것처럼 생각하고 행동해 보자.

기분 좋아지는
3가지 문장을 적어라

내 힘의 중심은 마음이다.
나는 마음이 하고자 하는 대로 따른다.
– 루이스 L. 헤이

《뇌의 스위치를 켜라》의 저자인 미국의 캐롤라인 리프 박사는 30년간 생각에 관한 과학적인 연구와 '생각과 몸의 연계성'을 연구했다. 그녀는 "뇌의 메커니즘은 긍정적인 생각을 해야 건강해지도록 설계되었다."라고 말한다. 그녀의 말을 반대로 해석해 보면 부정적인 생각은 뇌세포에 좋지 않은 영향을 준다는 것이다. 부정적인 생각을 우리는 스트레스라고 부른다.

우리는 살아가면서 스트레스로 인해 건강이 나빠진 사례를 많이 듣는다. 스트레스성 위염, 스트레스성 장염 등 병명 앞에 수식어로 스트레스가 붙은 병들까지 있을 정도이다. 스트레스가 건강에 도움이 되지 않는다는 것을 알고 있으면서도 매일 스트레스를 받으며 살아간다. 지속적인 스트레스는 뇌세포의 불균형을 가져오고 계속 쌓이면 외적으로 드러나 병으로 이어지게 된다.

잠시 생각해 보자. 앞의 내용을 읽으면서 당신은 무슨 생각을 했는가? 최근에 생긴 좋은 일들에 대해 생각했는가, 아니면 스트레스받았던 경험이 떠올랐는가? 아마 후자일 것이다. 우리는 보고 듣는 것에 영향을 받으며 살아간다. 앞에서 스트레스라는 단어를 반복해서 보았기에 스트레스를 받았던 경험들이 자연스럽게 떠오르게 된 것이다.

"지금부터 '코끼리'를 떠올리지 마세요. 절대 '코끼리'를 떠올리시면 안 됩니다."

갑자기 무슨 말이냐고? 당신은 위의 문장을 읽고 코가 긴 동물을 머릿속에 떠올렸을 것이다. 맞다. 바로 코끼리다! 우리는 무언가를 하지 말라고 말하면 그 대상을 생각하게 된다. 그 이유는 우리는 무의식을 통제할 수 없기 때문이다. 무의식은 보고 읽는 그대로를 받아들인다. 그 말인즉슨 우리가 이것을 잘 활용하면 의식적으로 긍정적인 것을 무의식에 주입할 수 있다는 것이다. 스스로 긍정적인 생각을 줄 수 있는 문장을 의식적으로 떠올림으로써 좋은 생각을 무의식에 줄 수 있다. 긍정 문장을 기록하며 소리 내어 읽는 과정을 거치면 부정적인 생각을 의식적으로 상쇄시킬 수 있다.

상트페테르부르크에 있는 인간 뇌 연구소의 생리학 팀은 국립연극예술 아카데미 학과 학생들 30명을 대상으로 한 가지 실험을 진행했다. 그들은 참가자들에게 자신의 생활에서 긍정적인 상황과 부정적인 상황을 떠올려 보게 한 뒤 떠올린 상황 중 다른 기억들보다 더 선명하고 강하게 떠오르는 것에 집중해 달라고 요청했다. 신호가 울리면 실험 대상자들은 그때의 상황으로 들어가 그 당시에 느꼈던 감정을 최대한 생생하게 떠올리기 위해 노력했다. 실험자들의 뇌를 측정한 결과, 긍정적인 상황을 떠올렸을 때가 부정적인 상황을 떠올렸을 때보다 더 큰 전기 뇌파를 일으키며 월등한 기억의 일치화를 불러일으켰다. 이 말은 긍정적으로 느꼈던 감정은 부정적인 감정보다 더욱 정확하게 뇌리에 남겨지고 더 오랫동안 기억된다는 것이다. 그들은 연구 결과로 "긍정적 체험은 뇌에 강한 변화를 가져오며 부정적 감정보다 우리의 기억 속에 더욱 선명한 자취를 남긴다."라고 결론지었다.

우리는 살아가면서 긍정적인 감정을 쌓으려고 일부러 노력해야 한다. 긍정적인 생각을 의식적으로 하지 않으면 오히려 부정적인 생각들에 사로잡히게 된다. 앞에서 캐롤라인 박사가 말한 것처럼 긍정의 에너지는 건강과 삶에 아주 밀접한 연관이 있다. 그렇기에 우리가 매일 반복해서 말하는 목표는 긍정적인 모습을 떠올릴 수 있어야 하고, 긍정적인 문장으로 적혀야 한다.

당신은 자신 삶에 긍정적인 영향을 주는 키워드를 갖고 있는가? 없다면 지금부터 당신의 부정적인 생각을 긍정적인 생각으로 변화시킬 3가지 단어를 설정해 보자. 위에서 적었던 목표들을 한번 보자. 당신이 원하는 3년 후의 3가지 목표를 보았을 때, 어떤 감정이 드는가? 목표는 읽을 때 자연스럽게 미소가 지어지는 단어들로 채워져야 한다. 부정적인 느낌이 있다면 모두 빼고 긍정적이고 행복한 상황만 떠올릴 수 있는 문장으로 바꾸자. 그리고 거기에서 3가지 긍정 키워드를 뽑아 보자.

《나는 된다 잘된다》의 저자 박시현은 책에서 '성공하는 사람의 뇌로 바꾸는 3가지 문장'을 아래와 같이 적었다.
"오늘도 기쁘고 감사한 하루가 될 것이다.
나는 정말 행복한 사람이다.
내 미래는 점점 나아지고 있다."
3가지 문장은 모두 긍정적이고 기분이 좋아지는 표현이다. 이처럼 당신도 자신만의 긍정 문장을 갖고 있어야 한다. 당신이 원하는 모습이 담겨 있는 목표에서 3가지 단어를 뽑아 보자. 단어를 뽑았다면 우리가 목표를 세웠던 것처럼 구체적인 문장으로 만들어 보자. 문장을 떠올릴 때, 이미지가 선명하게 머릿속에 그려지도록 만들어 보자. 예를 들어 '행복'이라는 단어로는 구체적인 상황을 떠올리기 힘들다. '행복'이라는 단어에서 더 들어가 '내가 행복했던 적이 언제지?', '내가 무엇을 할 때 행복했지?'라는 질문을 스스로 던지며 구체적인 상황을 떠올려 보자. 그리고 그때의 감정을 짧은 문장으로 만들어 보는 것이 좋다.

지금 펜을 들고 기분이 좋아지는 3가지 긍정 문장을 기록해 보자.

기분이 좋아지는 3가지 긍정 문장

1
2
3

목표 달성의
가장 큰 방해 요인을 제거하라

성공하지 못할 거라는 그릇된 믿음을 버리는 것이
성공을 향한 첫걸음이다.

- 앤드류 매튜스

　목표로 가는 길에서 가장 큰 방해 요인이 무엇이라 생각하는가? 인간에게는 모두 하루 24시간이 주어졌고 뇌의 크기도 비슷하다. 테슬라의 일론 머스크, 마이크로소프트의 빌 게이츠, 애플을 이끌었던 스티브 잡스 등 세상에 엄청난 변화를 준 사람들도 마찬가지로 24시간을 살고 우리와 비슷한 크기의 뇌를 갖고 있다. 세상에서 누군가는 남들보다 위대한 목표를 세우고 그것을 달성해 낸다.

도대체 무엇이 그런 차이를 만들어 내는 것일까? 그리고 목표 달성의 가장 큰 방해 요인은 무엇일까?

당신은 역경을 이겨내고 성공한 사람들의 이야기를 많이 들어봤을 것이다. '부모님의 사업 실패로 수십억 원의 빚이 생겼지만, 다시 재기해 크게 성공한 사업가', '큰 사고로 장애가 생겼지만, 긍정적인 생각으로 육체적인 불편함을 극복하고 큰 부자가 된 사람' 등 어려움을 극복하고 성공한 사연은 책과 영화에 주로 사용되는 단골 소재이다. 그들은 일반적인 사람들보다 훨씬 좋지 않은 환경에서 시작해 엄청난 성공을 끌어낸다. 그런 이야기를 들을 때면 처음에는 '와 이 사람 정말 대단하다. 나는 이들보다 더 좋은 환경에서 살고 있으니 변명하지 말고 열심히 살아야지.'라고 생각한다. 하지만 며칠이 지나면 그 생각은 사라진다. 오히려 나와 그 사람을 비교하기 시작한다. '그 사람은 특별하니까 성공했겠지.'라는 핑계를 만들기도 하고, 가끔은 '그들의 열악한 환경이 열정을 만들었고 나는 안정적인 환경에서 살고 있어서 의지가 생기지 않는 것 같다.'라는 말도 안 되는 합리화를 하기도 한다.

어느 날 나는 '꼭 실패해야지만 성공할 수 있는 건가?, 죽을 만큼 힘든 큰 사건을 겪지 않고는 성공할 수는 없는 것일까?'라고 생각하게 되었다. 그러던 중 나는 《종이 위의 기적, 쓰면 이루어진다)라는 책을 읽게 되었다. 책의 저자 헨리에트 앤 클라우저 박사는 사람들이 종이 위에 꿈을 직접 쓰고 이루어 낸 사례들을 조사했고 사례들을 모아서 책을 냈다. 그는 책에서 이런 말을 남겼다.

"모든 머뭇거림에는 이유가 있다. 목표 달성을 위해 단계별 계획을 세웠지만, 어느 순간 그 과정을 따라가기가 망설여질 때도 있다. 하지만 알고 있는가? 목표 달성을 방해하고 있는 사람은 바로 당신이라는 사실을 말이다."

이제 여러분도 알아챘을 것으로 생각된다. **목표 달성을 방해하는 가장 큰 요인, 성공을 못 하게 막는 가장 큰 요인은 바로 '자기 자신'이다.** 내가 큰 실패를 겪었는지 그렇지 않은지의 여부는 목표를 달성하는 것과는 아무런 연관성이 없다. 아무리 좋은 상황에 있더라도 자신과 목표를 믿지 못하고 흔들린다면 목표는 이루어지기 어렵다. 좋지 않은 상황에서도 자신을 믿고, 목표가 분명하다면 그것은 이루어진다.

이상주의적 사회 개혁으로 19세기 사상계에 큰 영향을 끼쳤던 영국의 사회학자 토머스 칼라일은 이렇게 말했다.
"가장 소름 끼치는 불신은 바로 자기 안에 있는 불신이다."
수많은 사람이 어려움 속에서 큰 성공을 이룰 수 있었던 것은 목표를 달성하는 것 이외에 다른 방안이 없었기 때문이다. 다른 말로 표현하자면 매우 분명한 한 가지 목표를 갖고 있었고 스스로 할 수밖에 없다고 믿었기 때문이다. 그들은 현실에서 벗어나기 위해 목표를 누구보다 간절하게 원했다. 스스로에 대한 의심은 없애고 목표를 달성하기 위한 간절함과 집념만 남겼다. 그들과 우리의 차이는 환경이 아니다. **단 하나의 분명한 목표가 있느냐 없느냐, 그리고 그것을 스스로 믿느냐 안 믿느냐의 차이**이다. 목표를 향한 간절함이 적다면 그것을 해결할 수 있는 유일한 방법은 분명한 목표를 정하고 스스로 할 수 있다고 굳게 믿는 것이다.

미국의 유명한 동기부여 강사인 밥 프록터는 자신의 어릴 적 이야기를 통해 자신만의 목표 달성 방법을 알려 주었다. 소방수였던 그는 연봉이 고작 4천 달러였으며 돈이 없어 여러 곳에서 빚을 지고 있었다. 그는 한 세미나에서 카드에 목표를 적어 갖고 다니며 끊임없이 목표를 말하면 이루어진다는 이야기를 듣게 되었고, 그것을 바로 실천했다. 그는 카드에 '10년 뒤 새해가 되는 날 25만 달러의 재산을 갖게 될 것'이라고 적었다. 그 당시 소방서를 짓는 데에도 25만 달러가 들지 않았다고 하니 그가 목표로 하기에는 너무나도 터무니없는 금액이었다. 프록터도 처음에는 목표에 대한 의구심이 생기고 있었다. 하지만 그는 목표를 매일 반복해서 읽으며 목표가 이루어진 것처럼 믿었다.

어느 날, 그는 평소와 다를 것 없이 직장에 앉아 '목표 카드'를 읽고 있었다. 그의 모습을 본 동료 한 명이 카드를 뺏어서 모두가 들을 수 있도록 큰 소리로 읽었다. 그러면서 모든 직원이 그의 카드를 돌려보았다. 그들은 "밥 프록터가 부자가 될 거래!"라고 말하며 그를 비웃기 시작했다. 다행히 프록터 주변에는 세미나에서 만난 사람들이 있었다. 그들에게 이러한 일이 있었다고 이야기했을 때 그들도 비슷한 일을 겪었다면서 서로 위로하며 오히려 목표를 더욱 응원해 주었다. 프록터는 매일 목표를 더 굳게 만들기 위해 반복해서 읽고 그의 목표를 응원해 주는 사람들과 지속해서 목표를 공유했다.

그는 몇 년 뒤 기업 청소대행 서비스를 제공하는 회사를 시작했고 연간 17만 5천 달러 이상을 벌게 되었다. 그리고 그는 동기부여 강사로 세미나를 열게 되면서 그보다 더 큰 돈을 벌게 되었고 사회적인 인지도도 얻게 되었다.

프록터는 사람들에게 이렇게 말한다.
"당신에게는 화려한 이력이 있을 수도, 없을 수도 있습니다. 당신은 정규교육을 제대로 받았을 수도 있고, 못 받았을 수도 있습니다. 하지만 당신이 목표를 이룰 때까지 꾸준히 해 보겠다는 의지만 있으면 그것들은 전혀 상관이 없습니다."

만약 프록터가 동료들의 비웃음 속에서 자신의 목표를 읽는 것을 포기했다면 어떻게 되었을까? 아마도 그의 목표는 카드에 적힌 채 사라졌을 것이다. 만약 그가 혼자였다면 주변 사람들의 비웃음을 감당하기가 쉽지 않았을 것이다. 계속된 비웃음에 '그래, 나 까짓 게 어떻게 25만 달러를 벌어….'라고 생각하며 포기했을 가능성이 크다. 하지만 그의 주변에는 자신의 목표를 함께 응원해 주는 사람들이 있었다. 밥 프록터는 그들과 지속해서 목표를 나눴고 그들을 통해 자신에 대한 의심을 없앴다.

처음에 언급했던 큰 실패 이후 성공한 사람들의 상황도 다시 한번 생각해 보자. 그들이 실패 이후 새로운 목표를 갖고 주변 사람들에게 도전하겠다고 이야기했을 때 어떤 반응을 보였을 것 같은가? 아마도 "한번 실패해 놓고 또 실패하려고 저런다." 누군가는 혀를 끌끌 차면서, "실패하더니 드디어 미쳤구나."라는 심한 반응도 보였을 것이다. 하지만 그들은 주변 사람들의 말을 전혀 귀담아듣지 않았다. 오히려 그런 사람들과의 만남을 최대한 줄이고 목표를 공감해 주고 응원해 주는 사람들을 곁에 두려고 노력했다. 그 방법을 통해 목표 달성을 방해하는 가장 큰 요인인 자기의심을 버리고 분명한 목표와 할 수 있다는 자신에 대한 믿음만을 갖고 앞으로 나아갔다. 그렇게 원하는 목표를 달성하게 된 것이다.

당신도 스스로 믿어야 한다. 자신에 대한 의심이 떠오를 때면 '나는 무엇이든 할 수 있다!'고 생각하며 의심을 물리쳐라. 그리고 목표를 적은 종이를 꺼내 읽어라. 자신을 믿으면 당신은 어떤 것이든 이룰 수 있다.

목표를 주변에
선언하라

삼진 아웃에 대한 두려움이

너 자신을 방해하게 하지 마라.

- 베이브 루스

    이제 목표를 자신의 것으로 만들기 위한 마지막 단계에 다다랐다. 지금까지 여러 기록의 과정을 거치면서 당신은 목표에 대한 확신 갖게 되었을 것이다. 확신이 강하면 강할수록 목표도 커다란 힘을 갖게 된다. 우리는 목표에 대한 확신을 더욱 증폭시키기 위해 마지막 한 가지를 행동해야 한다. 바로 '목표를 선언하는 것'이다. 목표는 혼자만 알고 있으면 되지 굳이 선언해야 하는 이유는 무엇

일까? 이번 장에서 목표를 선언해야 하는 3가지 이유를 알아 보자.

첫째, 목표를 선언하면 동시에 달성해야 하는 외적 요인이 생긴다. 목표를 선언하지 않으면 목표를 나만 알고 있게 되고 달성 여부도 나만 알게 된다. 그러면 달성하지 못했을 때도 스스로 합리화하고 넘어가면 아무런 문제가 없다. 하지만 목표를 누군가에게 선언하면 그 즉시 나의 목표를 아는 다른 사람이 생기게 된다. 즉 목표 달성을 위한 새로운 외적 요인이 생기는 것이다. 친구에게 목표를 선언한 이후 친구와 다시 만났다고 생각해 보자. 친구는 분명히 목표에 관해 물어볼 것이다. 만약 목표를 이루지 못한 상태에서 친구를 만난다면 부끄러움이 밀려올 것이다. 반대로 목표 달성 후 친구를 만나면 내가 얼마나 멋있어 보일지 상상만 해도 기분이 좋아진다. 나의 목표를 아는 사람들이 많아지면 목표를 달성해야겠다는 열망은 더욱 강해진다. 그러면 자연스럽게 목표를 달성할 수밖에 없는 환경이 만들어지는 것이다.

둘째, 목표를 선언하면 중간에 바꾸지 않게 된다. 자신이 적은 목표를 읽다 보면 달성하기가 어렵다고 느껴지면서 목표를 수정하고 싶다는 생각이 들기도 한다. 혼자서만 목표를 아는 경우는 목표를 수정해도 아무런 상관이 없기에 쉽게 바꾸게 된다. 대개는 더 낮은 목표로 수정하게 될 것이다. 목표가 낮아지면 의미 없는 목표가 될 가능성이 크다. 목적지에 도달은 했지만, 당신의 삶에는 아무런 변화가 없는 그런 목표 말이다. "엎지른 물은 다시 담을 수 없다."라는 속담처럼 말은 한번 뱉고 나면 수정할 수 없다. 목표를 선언하면 다른 사람에게 전달 되었기에 바꿀 수 없게 되고 끝까지 목표를 갖고 달성하게 되는 것이다.

셋째, 목표를 선언하면 예상하지 못한 기회가 온다. 미래는 계획한 대로 흘러가지 않는다. 수많은 변수가 존재하고 작은 선택이 미래에 큰 변화를 가져오기도 한다. 자신에게 더 좋은 기회가 오도록 하는 방법은 많은 사람이 나의 목표를 알게 하는 것이다. 그러면 당신이 전혀 생각하지 못한 곳에서 목표 달성을 가속시켜 줄 사람이 나타날 수도 있다. 지금 당신이 읽고 있는 이 책도 주변 사람에게 나의 목표를 공유하면서 시작되었다. 예전부터 나는 '선한 영향력을 전하는 책을 출간한 인기 도서 작가'라는 목표를 갖고 있었다. 한 모임에서 목표를 공유한 적이 있는데 그날 강사로 오신 분이 출판사를 운영하는 대표였고 나에게 출판 제의를 하셔서 책을 집필하게 되었다. 만약 내가 그 자리에서 목표를 말하지 않았다면 지금 이 책은 나올 수 없었을 것이다. 만약 목표를 혼자서만 간직하고 있었다면 나는 10년 정도 후에나 책을 썼을 지도 모른다. 아니, 아마 10년 후에도 쓰지 못할 채일 가능성이 크다.

나만 알고 있는 목표는 포기하기도 변경하기도 쉽다. 하지만 **다른 사람이 함께 알고 있는 목표는 쉽게 포기하기 어렵다. 그러면 자연스럽게 목표를 이룰 수밖에 없는 상황에 놓이게 된다.** 그리고 나의 목표를 들은 사람들이 어떤 도움을 줄지 우리는 전혀 상상할 수 없다. 그렇게 다양한 상황들이 복합적으로 나타나면서 목표는 이루어진다.

목표를 선언하는 것은 '공개 선언 효과public commitment effect'라고 불린다. 예전부터 공개 선언 효과에 관한 다양한 연구 결과가 있었는데 그중 가장 유명한 사례는 네바다 대학의 심리학자 스티븐 헤이즈의 연구이다. 그는 학생들을 대상으로 성적에 대한 목표를 공개 선언했을 때 어떤 영향을 미치는지 연구를 진행했다. 총 3개 그룹을 만들었고 각 그룹에 아래와 같이 지시했다.

첫 번째 그룹 자신의 목표 점수를 세우고, 모든 학생 앞에서 공개 선언한다.
두 번째 그룹 자신의 목표 점수를 세우되, 목표를 공개하지 않고 마음속으로만 생각한다.
세 번째 그룹 목표에 대한 아무런 지시를 받지 않고 따로 목표 점수를 세우지도 않는다.

세 그룹의 실험 결과는 극명한 차이를 보였다. 첫 번째로 목표를 공개 선언한 첫 번째 그룹은 두 번째, 세 번째 그룹보다 월등히 높은 시험 점수를 받았다. 이 결과는 당연하다고 생각할 수 있다.

하지만 그보다 더 충격적인 결과는 다음에 있다. 두 번째 그룹과 세 번째 그룹 간의 점수는 차이가 거의 없었던 것이다. 마음속으로 혼자 정한 목표는 목표가 없는 학생들과 큰 차이를 내지 못한다는 결과가 나왔다. 마음속으로 생각만 한 목표는 그저 생각일 뿐이지 진짜 목표를 세우는 것과는 다르다는 것이다.

앞에서 야구 선수 베이브 루스의 예고 홈런에 대해 언급했다. 그의 예고는 단순한 결심이 아니었다. 그는 경기 전 방송에서 홈런을 칠 것이라고 선언했고 타석에 들어서서 공이 날아갈 방향을 방망이로 가리키며 관중을 향해 선언했다. 많은 사람에게 목표를 선언했기에 그는 홈런을 치지 못하면 자신의 명성에 금이 가고 비웃음거리가 될 것으로 생각했다. 부담감이 컸겠지만, 그는 부담감을 반드시 성공시켜야 한다는 열망으로 바꿨다. 선언을 통해 자기에 대한 확신을 더욱 강화하고 목표를 달성할 수밖에 없는 상황을 스스로 만든 것이다. 이러한 선언하기를 통해 베이브 루스는 세계적인 야구 선수가 될 수 있었다.

선언하기는 사기적인 솜씨라고 해도 무방하다. 목표를 어떻게든

달성할 수밖에 없도록 만들어 주기 때문이다. 우선은 작은 것부터 선언해 보자. 3년 후의 목표를 바로 말하기보다는 이번 달 목표를 선언하는 것이 더 좋다. 아침 기상, 운동하기 등 작은 목표부터 선언해 보자. 그리고 선언하는 대상은 앞에서 밥 프록터가 했던 것처럼 당신을 지지해 줄 수 있는 사람들로 정해야 한다. 목표를 듣고 비웃는 사람은 목표로 가는 데 방해가 될 수 있으니 신중하게 정하자. 아래에 당신의 목표를 선언할 사람 3명을 기록해 보고 그들에게 목표에 관해 이야기해 보자.

선언 대상 **1**	_____	선언 여부 ☐
선언 대상 **2**	_____	선언 여부 ☐
선언 대상 **3**	_____	선언 여부 ☐

꿈의 기록으로 부자가 된 3%의 이야기

나는 이 모든 것을 상상하고 기록하고
매일 100번씩 외침으로써 얻게 되었다.

- 김승호

많은 사람은 명확한 삶의 목표가 없이 살아간다. 원하는 모습, 사고 싶은 차, 갖고 싶은 집이 있다고 생각하지만 다들 머릿속으로 상상하는 것에서 그친다. 앞에서 말했듯이 머릿속으로 혼자 생각한 것은 목표가 아니라 그저 생각일 뿐이다. 만약 당신이 이 책이 기록하라고 한 것을 빠트리지 않고 기록했다면 당신은 분명한 3가지 목표를 갖고 있을 것이다. 완벽하지 않아도 괜찮다. 목표를 갖

고 있다는 사실이 중요한 것이다. **당신은 목표를 종이에 기록했다. 그것만으로도 당신은 이미 남들보다 훨씬 앞서나간 것이다.**

내가 꿈의 기록에 관해 가장 많은 영감을 받았던 2가지 사연이 있다. 첫 번째는 책의 가장 첫 부분에서 다룬 '짐 캐리의 백지수표'이다. 그의 이야기는 나를 자극했고, 내가 원하는 3가지 목표를 기록하게 했다. 그때 기록한 3가지 목표는 자연스럽게 내 삶에서 이루어졌다. 꿈의 기록에 관한 두 번째 이야기는 '3%의 성공 법칙'이라 불리는 연구 사례이다.

1953년, 미국 명문 대학인 예일대 학생을 대상으로 목표에 관련한 연구가 이루어졌다. 연구팀은 그 해 졸업생들에게 3가지 질문을 던졌다.

첫 번째, 졸업 후 목표를 세웠나요?
두 번째, 졸업 후 목표를 글로 기록하였나요?
세 번째, 목표 달성을 위한 구체적인 계획을 세웠나요?

전체 졸업생 중 80%의 학생은 3가지 항목에 모두 "No."라고 대답했고, 17%는 첫 번째 항목에만 "Yes."라고 답했다. 97%의 졸업생들이 목표가 없거나 목표를 생각하기만 한 것이다. 졸업생 중 단

3%의 학생만이 목표를 기록하고 계획을 세웠다고 대답했다. 20년이 지난 후 연구에 참여한 졸업생들을 역추적해 보았다. 그 결과 목표를 기록하고 계획을 세웠다고 대답한 3% 졸업생들의 재산은 나머지 97% 졸업생의 재산보다 월등히 높았고 수입은 평균 10배 이상 차이가 났다.

최근 해당 연구를 다시 찾아보면서 한 가지 충격적인 사실을 알게 되었다. 예일대에서 진행했다고 알려진 3%의 성공 법칙이 출처가 불분명하며 허구일 가능성이 크다는 것이다. 나는 해당 사연을 유명한 책이나 강의에서도 자주 접했기에 당연히 사실이라고 생각했다. 게다가 내가 어릴 적 봤던 내용임에도 지금까지도 기억할 정도로 나에게 큰 영향을 주었던 이야기였기에 허구라는 말을 들으니 허무하기도 했다.

해당 연구 결과는 허구일 수 있다고 생각한다. 하지만 목표를 세우고 기록하면 그것을 달성하는 데에 큰 영향을 준다는 것은 확실하게 믿는다. 실제로 나도 경험했고 수많은 성공한 사람들과 부자들은 목표를 기록하는 행위를 통해서 성과를 창출하고 부(富)를 이뤄냈다.

우리는 레오나르도 다빈치를 타고난 천재라고 알고 있다. 하지만 그는 선천적 천재가 아닌 노력형 천재였다. 그의 노력은 3만 장이 넘는 메모에서 드러난다. 레오나르도 다빈치는 사생아로 태어났고 그 당시 지식인에게는 필수 코스인 라틴어 교육도 받지 못했다. 하지만 그는 열등감을 느끼지 않고 그것을 자신감으로 승화시켰다. 그는 항상 노트를 갖고 다니며 끊임없이 기록했다. 해야 할 것들을 잊어버리지 않게 '할 일 목록'을 적었으며 그림에 영감을 주는 것들은 모조리 스케치해서 노트에 담았다. 그의 노트에는 수많은 아이디어와 음악, 천문학, 해부학, 건축 등 여러 방면에서 그가 추구한 가치관이 담겨있다.

레오나르도 다빈치는 자신의 노트인 코덱스 레스터에 이런 말을 남겼다.

"교육을 덜 받았다는 이유로 나를 무식한 인간이라고 무시하고 비판하는 인간들이 있다. 어리석은 무리다. 확실히 나는 그들처럼 저자들의 글을 인용하지는 못한다. 하지만 또 다른 스승인 '경험'에는 훨씬 더 뛰어난 가치가 있다. 그들은 자신이 아닌 타인이 애써 얻은 지식을 이용할 뿐이다. 그런데도 실제로 경험을 통해 창작하는 나를 경멸한다면 그들이야말로 비난받아 마땅하다."

레오나르도 다빈치는 기록했고 그의 자취는 지금까지 세상에 남아있다. 다빈치는 노트에 적은 기록으로 〈모나리자〉와 〈최후의 만찬〉과 같은 엄청난 작품들을 만들어 냈다.

레오나르도 다빈치는 다양한 기록이 담긴 수십 권의 노트를 남겼는데 그중 가장 유명한 것은 1994년 350억 원에 경매로 팔린 '코덱스 레스터'이다. 여기서 재밌는 것이 레오나르도 다빈치의 노트를 구매한 사람이 우리가 잘 아는 세계 최고의 부자 빌 게이츠라는 것이다.

빌 게이츠도 매 순간 생각과 다양한 아이디어를 노트에 남겼다. 그도 기록의 힘을 알고 있었기에 다빈치의 생각과 철학, 가치관을 직접 보며 느낄 수 있는 노트를 350억 원이라는 돈을 주고 산 것이다. 빌 게이츠가 기록의 힘을 알고 있는 이유는 그도 엄청난 기록광이기 때문이다.

빌 게이츠는 회의에서도 노트와 펜을 들고 메모하기로 유명했다. 그는 자신만의 구조화 메모를 통해서 회의 내용을 정리했고 사업에 적용했다. 그리고 빌 게이츠는 10대 때부터 "모든 책상에 PC를 한 대씩 놓겠다(A PC on every desk)."라는 목표를 세우고 기록했다. 그의 목표는 결국 현실이 되었고 그는 세계 최고의 부자가 되었다.

빌 게이츠와 같은 연도에 태어난 경쟁자 스티브 잡스도 메모광으로 유명하다. 애플의 CEO였던 잡스도 빌 게이츠에 못지않게 기록 광이었고 그는 매일 아이디어를 메모했다. 그가 기록한 아이디어는 아이폰으로 탄생해 세상에 큰 변화를 주었다. 15년 전까지만 해도 스마트폰은 세상에 없었다. 지금과 같은 모습은 상상도 할 수 없었다. 하지만 스티브 잡스는 매일 자신의 제품이 세상에 변화를 주는 모습을 상상하고 기록했으며, 그의 생각은 모든 인간의 삶의 모습을 바꾸는 기적을 만들어 냈다.

이들 이외에도 전구를 발명한 토머스 에디슨, 미국의 대통령 에이브러햄 링컨, 조선시대 최고의 학자 다산 정약용, 최고의 물리학자 아인슈타인 등 기록을 통해 자신의 꿈과 목표를 이루어 내고 큰 부자가 된 사람들은 세상에 무수히 많다. 사람마다 방법은 조금씩 다르지만 결국 핵심은 목표를 분명히 하고 그것을 끊임없이 기록하는 것이다.

앞에서 말했던 예일대의 연구 사례는 진실이 아닐 수 있다. 하지만 목표를 기록하고 달성한 많은 성공한 사람들의 삶이 기록과 목표 달성의 상관 관계를 증명해 주고 있다. 굳이 허구일 수도 있는 사연을 넣은 이유도 그 방법만큼은 옳기 때문이다. 목표를 세우고 기록하는 것은 목표를 달성하는 본질적인 방법이다. 기록이라는 행위가 목표를 생각하게 만들고, 목표를 향해 행동하게 만들고, 목표를 달성할 수 있게 만드는 것이다.

축하한다. 당신은 이제 누구도 갖기 힘든 '자신만의 분명한 목표'를 가진 3%의 사람이 되었다. **스스로 기록한 목표가 앞으로 당신의 삶에 가져다줄 영향력을 마음껏 기대할 만하다. 당신의 목표는 세상 누구도 갖지 못한 당신만의 유일한 보물이다.** 목표를 들여다보고 매일 기록하고 꿈을 이룬 모습을 읽으며 행복한 순간을 사는 삶을 만들어 보자.

2장

무의식을 움직이는
기록으로
꿈을 가속하라

당신의 기록은
무의식을 움직인다

 우리의 마음속에는 어떤 강력한 힘이 있는데 지금으로서는 아직 명확하게 밝혀지지 않은 부분이다.
그것은 의식하는 마음과는 별개의 것으로 우리의 사상, 감정, 행동의 원천이 되고 있으며 끊임없이 활동하고 있다.

- 지그문트 프로이트

 '빙산의 일각'이라는 말을 들어 보았을 것이다. 큰 빙하에서 떨어져 나와 바다에 떠다니는 얼음을 빙산이라고 한다. 우리의 눈에 보이는 물 위에 떠 있는 빙산은 전체 크기에서 고작 10%밖에 되지

않는다. 수면 아래 보이지 않는 면적이 90%나 된다는 뜻이다. 눈에 보이는 것만 보고 항해하다가 아래 숨겨진 빙산에 부딪혀 좌초되는 배들도 많이 있다. 눈에 보이는 10%만 아는 것이 아니라 우리는 눈에 보이지 않는 90%의 영역을 알고 있어야 한다.

우리는 자기의 삶을 의식적으로 통제하며 살아간다고 생각한다. 어떤 선택을 할 때도 의식적으로 올바른 판단을 했다고 생각한다. 지나가다 길에서 물건을 산 이유도 이전부터 필요하다고 생각했기에 샀고 철저히 의식적인 과정을 통해 이루어진 합리적인 결정이라고 생각한다. 하지만 눈에 보이는 빙산 일부처럼 우리가 살아가면서 의식적으로 생각하고 판단하는 것은 전체의 10%도 채 되지 않는다. 우리가 물건을 사는 것에는 무의식이 90%의 영향을 미친다. 내가 산 것이 아니라 나의 무의식으로 구매하는 것과 마찬가지다. 우리가 하는 결정의 90%는 무의식이 한 것이다. 우리의 의식이 눈에 보이는 10%의 빙산이라고 한다면 바닷속에 보이지 않는 나머지 90%가 무의식이다.

당신이 펜을 들고 목표를 기록하는 것은 곡괭이를 들고 빙산에 목표를 조각하는 것과 같다. 커다란 빙산에 곡괭이로 당신의 목표를 새기는 게임을 한다고 생각해 보자. 목표를 한 번, 두 번 적는 것은 눈에 보이는 10%의 빙산에 조각하는 것이다. 물 밖에는 햇빛이 비친다. 바람도 불고, 파도도 친다. 가끔은 눈이 와서 쌓이기도 한다. 만약 목표를 한두 번 새기고 내버려 둔다면 외부 요인에 의해 금방 지워지게 된다. 햇빛에 의해 표면이 녹거나 눈이 쌓여 메워버린다. 목표가 지워지지 않게 하기 위해서는 매일 반복해서 기록해야 한다. 외부 요인이 영향을 미치기 전에 계속해서 새겨야 한다. 눈에 보이는 빙하가 당신의 목표로 꽉 차서 더 이상 새길 곳이 없을 때 우리는 보이지 않는 물속의 영역으로 들어가게 된다.

물속의 영역은 무의식의 영역이다. 물 밖보다는 작업하기 어렵지만 한번 새기고 나면 잘 지워지지 않는다. 처음에는 숨이 차서 물속 깊은 곳에 들어가지 못한다. 그러다 점점 숨을 참을 수 있는 시간이 길어지면 더 깊은 곳까지 들어가 목표를 새길 수 있게 된다. 깊은 곳에 새긴 목표들은 더욱 오랫동안 무의식에 남게 된다.

당신은 펜을 들고 자신의 목표를 직접 기록했다. 만약 지금 상태에서 목표를 일주일만 보지 않으면 정확히 어떤 목표를 적었는지 떠올리기 어려울 것이다. 그 상태가 바로 빙산에 기록한 목표가 햇빛에 녹아서 지워진 것과 같다. 하지만 매일 3번이든 5번이든 꾸준히 적다 보면 어느새 목표가 머릿속에 정확히 새겨진다. 그렇게 100일, 200일, 1년 동안 매일 목표를 상기시킨다면 지우려고 해도 지워지지 않게 된다. 그 상태가 바로 물속 깊이 있는 빙산에 목표가 기록된 것과 같다. 빙산에 목표를 계속 새기면 목표는 더 깊어져 빙산의 중심과 가까워지게 된다. 그러다 어느 순간 빙산 속에 숨겨져 있던 당신의 목표가 "짠!"하고 드러나는 것이다.

펜을 들고 손으로 기록하는 행동은 우리의 '무의식'을 움직인다. 《돈의 속성》의 저자이자 스노우폭스의 김승호 회장은 미국으로 이민 간 후 3천억 원이 넘는 부(富)를 이뤄냈다. 그는 목표를 이루는 방법으로 '100번 쓰기'를 해 보라고 말한다. 100번 쓰기란 자신의 목표를 100일 동안 매일 100번씩 쓰는 것이다. 그는 이 방법을 통해서 목표들을 이뤄냈고 지금의 모습을 만들었다고 이야기한다. 100번 쓰기는 듣기에는 쉬워 보여도 실제로 해 보면 생각보다 어렵다.

김승호 회장은 "100번 쓰기를 하면 자신의 목표가 정말로 간절한 것인지 혹은 그렇지 않았는지 알게 된다."라고 말했다. 100일 동안 목표를 100번씩 쓰는 것도 해내지 못한다면 그 목표는 정말로 당신에게 간절한 목표가 아니라는 것이다. 100일을 채우지 못했을 때 그것이 '내가 진정으로 원하는 목표가 아니구나.'라고 깨닫는 것도 100번 쓰기를 통해 얻을 수 있는 또 다른 성과이다.

100번 쓰기는 빙산에 목표를 새기는 것과 같은 개념이다. 당신이 펜을 들고 종이에 목표를 100번씩 쓴다고 생각해 보자. 펜은 곡괭이고 눈에 보이는 종이는 물 위에 떠 있는 빙산이다. 무의식은 앞서 말한 대로 눈에 보이지 않는 숨겨진 빙산이다. 매일 목표를 100번씩 100일을 쓰면 총 10,000번을 기록하게 된다. 총 10,000번을 쓰면 그 목표는 종이에만 남는 것이 아니다.

빙산의 깊은 곳에 새겨지듯이 목표는 당신의 내면에 자연스럽게 새겨진다. 눈에 보이지 않는 내면. 즉, 무의식에 목표가 남게 되는 것이다.

100일 후에 목표가 이루어질 수도 있고 그렇지 않을 수도 있다. 그런데 중요한 점은 100일이 지난 후에는 목표를 굳이 생각하지 않아도 당신의 머릿속에는 목표가 명확히 남아있다는 것이다. 무의식에 목표를 계속 새겨 넣었으니 무의식은 목표를 이루려는 방안을 계속 찾는다. 그렇게 당신의 목표가 내면 깊이 남을 때 목표는 이루어진다. 한 가지 목표를 분명히 한다면 길을 가다가도 목표와 관련된 것만 눈에 들어온다. 한 가지 목표를 계속 생각하면 목표를 달성할 방법이 자연스럽게 머릿속에 떠오르기도 한다. 달성 방법을 모를 뿐이지, 방법만 안다면 누구나 실행을 통해 목표를 달성할 수 있다. 떠오르는 것을 시도하고 또 시도하는 과정에서 목표는 이루어질 수밖에 없는 것이다.

당신의 목표가 무의식에 분명하게 남도록 목표를 매일 기록하자. 이번 장에서는 무의식을 움직이는 방법들을 알아 보고 목표를 분명하게 당신의 내면에 새겨 보자.

잠들기 직전
3가지 목표를 기록하라

나는 모든 면에서
점점 더 나아지고 있다.
- 에밀 쿠에

시험 공부가 가장 잘 되는 시간대가 있다. 일할 때도 오전 시간은 집중이 잘 되지만 점심을 먹고 나서는 배도 부르고 졸리므로 집중이 잘되지 않는다. 이처럼 **무의식도 가장 효과적으로 움직일 수 있는 시간이 있다.** 바로 잠들기 직전의 몽롱한 저녁 시간이다.

당신도 잠들기 전에 했던 생각이 꿈에 나온 적 있을 것이다. 내가 좋아하는 사람을 떠올리다 그 사람이 꿈에 나오면 아침에 눈을 떴을 때 어떤 기분이 드는가? 엄청 기쁘고 설레고 행복한 상태로 눈을 뜰 것이다. 하지만 꿈에서 누군가에게 쫓기다가 잠에서 깨면 식은땀도 나고 기분이 그다지 좋지 않은 채로 아침을 맞이한다. 잠들기 전에 생각한 대상이 꿈에서 나오는 이유는 무의식이 잠들기 전의 생각을 가장 잘 받아들이기 때문이다. 잠들기 직전은 무의식이 가장 활발하게 움직이는 시간이다. 우리가 기분 좋은 아침을 맞이하기 위해서는 잠들기 전 시간을 의식적으로 사용해야 한다.

잠들기 전, 당신은 무엇을 하는가? 최근 많은 사람이 스마트폰으로 유튜브나 SNS를 보다가 잠이 든다. 우리의 흥미를 끄는 콘텐츠는 자극적인 것이 많다. 자극적인 콘텐츠가 꼭 나쁜 것만은 아니다. 하지만 잠들기 전 보는 자극적인 콘텐츠는 당신의 삶에 엄청나게 부정적인 영향을 준다. 앞서 말한 것처럼 우리가 잠자는 동안에도 무의식은 계속해서 작동한다.

자극적인 것을 보다 잠이 들면 눈을 뜨는 순간까지 자극적인 감정이 남아있게 된다. 아침에 눈을 뜬 순간 자극적이고 부정적인 감정이 드는 날은 부정적인 생각들이 더 많이 떠오르게 된다. 잠자는 시간 동안 무의식은 가장 활발하게 움직인다. 우리는 잠들기 전에 하는 행동을 통제해 무의식을 원하는 방향으로 활동하게 할 수 있다.

먼저 잠들기 30분 전부터는 스마트폰을 멀리하자. 블루라이트와 같은 과학적인 이유도 있지만 앞에서 말한 것처럼 자극적인 콘텐츠나 부정적인 뉴스를 보지 않는 것이 주된 목적이다. 잠들기 전 자기만의 시간을 길게 확보할수록 더 좋다. 그렇게 확보한 시간은 온전히 당신이 원하는 목표에 집중하고 긍정적인 생각을 할 수 있는 것들로 가득 채워야 한다. 잠들기 전 30분을 스스로를 위한 시간으로 만들자.

잠들기 전에 꼭 해야 하는 행동이 있다. 바로 당신의 목표 3가지를 기록하는 것이다. 하루를 마치고 잠자리에 편안하게 누우면 깊은 숨이 쉬어진다. 긴장이 풀리고 완벽히 이완된 상태가 되는 것이다. 그때가 가장 좋은 생각을 해야 하는 시간이다. 아무 생각 없이 누우면 보통 부정적인 생각들이 먼저 머릿속을 차지하게 된다. 최근에 생긴 고민이나 내일 할 일을 걱정하며 부정적인 상태로 잠들면 절대로 안 된다. 긍정적인 생각을 가지려면 잠들기 전 목표를 기록해야 한다. 3가지 목표를 적고 잠자리에 들어가면 머릿속에는 자연스럽게 목표가 떠오르게 된다. 그 상태로 당신의 목표가 이루어진 모습을 생생하게 머릿속에 그리며 잠들면 된다. 당신이 잠들면 자연스럽게 무의식이 그것을 받아들이게 되고 당신이 원하는 것이 잠재의식의 깊은 곳에 심어지게 된다. 매일 이것을 반복한다면 엄청난 결과를 만들어 낼 수 있다.

타이거 우즈는 골프 역사상 가장 위대한 선수로 불린다. 그는 1996년 PGA 투어를 통해 데뷔한 이래로 82차례나 우승컵을 들어 올리는 엄청난 기록을 세웠다. "타이거 우즈의 유일한 맞수는 전성기 때의 타이거 우즈뿐이다."라는 말이 나올 정도로 그의 골프 실력은 업계에서 독보적이다. 그를 세계에서 가장 유명한 골프 스타로 만드는 데 크게 일조한 사람은 그의 아버지 얼 우즈이다.

얼 우즈는 여섯 살 때부터 재능을 보인 타이거 우즈를 보고 그의 코치로 활동했다. 얼 우즈는 타이거가 어릴 적부터 잠들기 전에 항상 카세트테이프를 그의 머리맡에 틀어 놓았다. 테이프에는 이런 내용들이 녹음 되어 있었다. "나는 위대한 힘이 있다. 나는 나 스스로 믿는다. 내 운명의 주인은 나 자신이다. 나는 항상 모든 힘을 다한다." 이외에도 더 많은 확언 문장들을 테이프에 녹음해서 매일 밤 타이거 우즈에게 들려주었다.

타이거 우즈는 "어릴 때 들었던 테이프가 성공에 초점을 맞추고, 부정적인 생각들을 없애 주었다."라고 말했다.

매일 밤 잠들기 전에 들은 확언 문장들은 무의식에 새겨져 그의 내면을 단단하게 만들었다. 그렇게 타이거 우즈는 엄청난 순간 집중력을 요구하는 골프에서 강력한 정신력을 기반으로 최고의 퍼포먼스를 내며 골프의 황제가 되었다. 그는 데뷔한 지 25년이 지난 현재까지도 영향력 있는 골프 선수 1위를 차지하고 있다.

 잠들기 직전의 시간은 우리 삶에 엄청난 영향을 준다. 잠들기 전 30분을 어떻게 활용하느냐에 따라 목표가 달성되는 시기도 달라진다. 앞에서 목표 달성을 방해하는 것은 자기 자신뿐이라고 말했다. 아무렇지 않다가 갑자기 '목표 달성이 가능할까?'라는 의심이 드는 것은 당신의 의식에서 생각하는 것이 아니다. 그것은 당신의 무의식, 즉 잠재의식에서 올라오는 것이다. 그렇기에 당신의 잠재의식에 목표를 명확하게 각인시켜야 한다. 목표를 무의식에 각인시키기 가장 좋은 시간은 바로 잠들기 직전이다.

 당신의 3가지 목표를 매일 잠들기 전에 기록하라. 김승호 회장이 말한 것처럼 100번씩 매일 적으면 가장 좋겠지만 처음부터 그렇게 하다가는 금방 포기해 버릴 수 있다. 우선은 작게 시작해 보자. **잠들기 전 당신의 3가지 목표를 3번씩 적어라. 그리고 목표를 떠올리며 기분 좋은 상태로 잠자리에 들자.** 그러면 당신의 무의식은 목표를 받아들이고 움직일 것이다. 당신의 아침은 행복한 상태로 시작되며 목표는 더욱 빨리 당신의 삶에 다가올 것이다.

매일 3번의 기록으로
목표를 깊게 각인시켜라

쉬지 말고 기록하라. 기억은 흐려지고 생각은 사라진다.
머리를 믿지 말고 손을 믿어라.

- 다산 정약용

　무의식을 변화시키는 방법은 원하는 모습을 반복해서 주입하는 것이다. 앞서 말한 것처럼 잠들기 직전의 몽롱한 상태는 의식과 무의식을 이어 주는 가장 좋은 시간이다. 추가로 잠들기 직전과 함께 사용하면 더욱 효과적인 시간대가 있다. 당신이 만약 매일 이 시간을 적극적으로 활용한다면 목표는 무의식에 더욱 깊게 새겨진다.

인간은 망각의 동물이다. 우리의 뇌는 생각한 것을 그리 오랫동안 기억하지 못한다. 기억을 장기화하기 위해서는 다른 외적 장치를 써야 한다. 그것은 바로 '반복 기록'이다. 이쯤 되면 기록의 중요성은 더 이상 말하지 않아도 알 것이다. 기록은 반복해야 효과가 더욱 커진다. 이 책은 당신이 직접 기록하도록 유도했다.

대개 많은 책의 영향력이 독서를 통한 지식 전달에서 그친다. 책을 읽는 당시에는 지식이 기억에 오래 남을 것 같지만 하루만 지나도 내용이 잘 기억나지 않는 경우가 많다. 그 이유는 인간이 망각의 동물이기 때문이다.

독일의 심리학자 헤르만 에빙하우스는 인간이 학습한 이후에 학습 내용을 잊어버리기까지 시간이 얼마나 걸리는지를 연구했다.

그는 연구를 통해 '망각 곡선'이라는 개념을 소개하며 "한 번 학습한 내용은 시간이 지나면서 빠르게 사라지지만 4단계의 반복 과정을 거치면 장기 기억으로 저장되어 더욱더 오래 기억하게 된다."라고 말했다. 에빙하우스의 연구에 의하면 학습 후 20분이 지나는 시점에서 41.8%의 내용이 머릿속에서 사라진다고 한다. 그리고 1시간이 지나면 절반 정도가 사라지고 하루가 지나면 70%가 넘는 학습 내용이 머릿속에서 사라지게 된다.

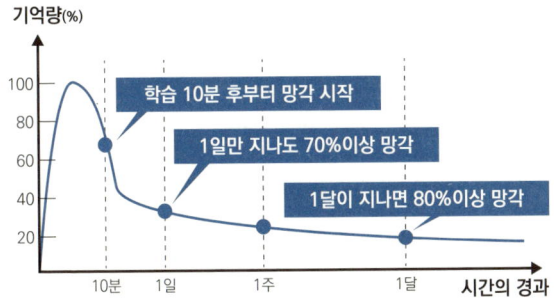

　인간의 망각 속도가 엄청 빠르기에 책을 한 번 읽은 것만으로는 머릿속에 거의 남지 않는다. 에빙하우스는 망각을 극복하는 방법으로 반복 학습을 하라고 말한다. 반복은 망각의 시점으로 들어가기 전에 한 번 더 내용을 학습해 장기 기억으로 옮겨주는 역할을 한다. 그는 학습 후 10분, 24시간, 일주일, 한 달 주기로 4번의 반복 학습을 거치면 가장 효과적으로 학습한 내용이 장기 기억에 저장된다고 말했다. 우리도 반복 학습을 통해 기억을 보완할 수 있는 것이다.

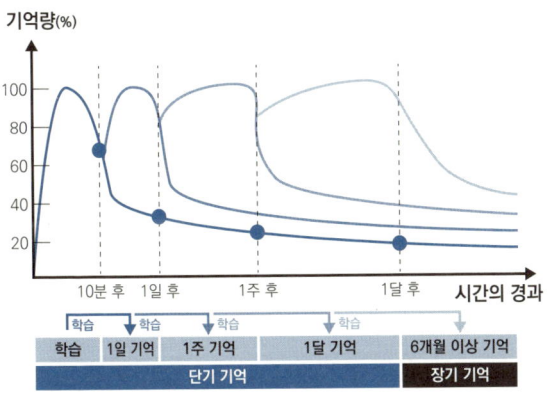

에빙하우스는 총 4번의 반복 학습이 효과적이라고 제시했다. 마찬가지로 목표를 각인시키는데도 가장 효과적인 반복 학습이 있다. 그것은 매일 3번씩 목표를 기록하는 것이다. 무의식을 움직이는 가장 효과적인 시간은 아침에 눈을 떴을 때, 점심 시간 그리고 잠들기 직전, 총 3번의 시간이다.

아인슈타인은 인류 역사상 가장 위대한 물리학자이다. 그가 연구를 통해서 밝힌 수많은 이론은 현대에도 엄청난 영향을 미치고 있다. 그런 아인슈타인에게는 아주 특이한 잠에 관한 습관이 있었다. 우선 그는 매일 10시간 이상을 잠을 잤다. 현대인의 평균 수면 시간인 6시간에 비해 1.5배가 넘는 시간이다. 두 번째로 아인슈타인은 특이한 방식의 낮잠을 즐겼다. 그는 낮잠 시간이 되면 바닥에 금속 접시를 두고 손에는 숟가락을 든 채 안락의자에 앉았다. 몽롱한 상태로 있다가 잠이 들면 손에 있던 숟가락이 떨어졌고 접시와 부딪혀 소리가 나면 잠에서 깨어났다.

아인슈타인은 왜 잠이 들자마자 깨어나게 되는 이상한 낮잠을 잤을까? 잠재의식의 대가인 머피 박사도 잠들기 직전 시간을 강조했다. 그 이유는 잠들기 직전의 시간이 무의식에 가장 큰 영향을 주기 때문이다. 아인슈타인도 이것을 알고 있었다. 그는 한참 몰입해 연구하는 낮에 잠들기 직전의 상태를 만들어 무의식을 활용한 것이다. 이처럼 **잠들기 직전의 시간은 낮에도 활용할 수 있다.**

수영 역사상 가장 위대한 선수인 마이클 펠프스는 특별한 훈련법을 갖고 있었다. 그는 어릴 적 과잉행동 증후군(ADHD)을 판정받았다. 0.01초를 다투는 수영이라는 종목에서 ADHD는 치명적인 약점이었다. 그의 코치인 밥 보먼은 펠프스가 감정을 다스리고 집중력을 유지할 수 있는 방법을 연구했다. 그리고 그는 펠프스에게 매일 한 가지를 하게 했다. 그것은 매일 잠들기 전과 아침에 눈을 떴을 때 비디오테이프를 보는 것이었다. 그런데 여기서 말하는 비디오테이프는 실제로 존재하는 것이 아니다. 보먼 코치가 펠프스에게 준 비디오는 머릿속에서 떠올리는 생생한 생각이었다.

그는 주의력이 부족한 펠프스에게 경기장에 들어서는 순간부터 수경을 쓰고, 점프하고 헤엄치며 턴(turn)하는 모든 순간을 실제처럼 느끼며 매일 상상하도록 했다. 이 훈련을 통해 펠프스는 아주 선명하게 머릿속으로 자신이 경기하는 장면을 그릴 수 있었고 매일 실제로 경기하는 듯한 느낌도 받을 수 있게 되었다(찰스 두히그, 《습관의 힘》).

2008년 8월 13일, 펠프스는 베이징 올림픽 접영 결승전에 출전했다. 그는 시작 신호와 함께 힘차게 뛰어올라 물살을 갈랐다. 경기를 시작한 지 얼마 되지 않아 그는 뭔가 잘못되었음을 직감했다.

그의 수경에 물이 차오르기 시작한 것이다. 경기가 중반부로 넘어갈수록 더 많은 물이 들어왔고 그는 앞을 볼 수 없는 상태가 되었다. 위기의 순간, 펠프스는 자신이 매일 보던 비디오테이프를 틀었다. 머릿속에서 결승점에 도착하기 위해 남은 거리를 생생하게 떠올렸고, 앞이 보이지 않는 것은 신경 쓰지 않은 채 자신의 비디오테이프를 믿고 더욱 힘차게 팔을 뻗었다. 결승점에 도착한 그가 물안경을 벗었을 때 전광판에 보인 것은 1등이라는 숫자와 WR(세계기록)이라는 글자였다. 그렇게 그는 베이징 올림픽에서 8관왕이라는 엄청난 대기록을 세우게 되었다.

그는 접영 경기가 끝난 후 한 방송사와의 인터뷰에서 "시각장애인이 된 듯한 기분이었다."라고 이야기했다. 앞이 전혀 보이지 않는 상태에서도 그가 우승을 할 수 있었던 이유는 그의 엄청난 연습량과 매일 비디오테이프를 통해 무의식에 심어 놓은 수영 모습 덕분이었다.

아인슈타인과 펠프스가 엄청난 결과를 만들어 낸 요인 중 하나는 자신의 무의식을 적극적으로 활용한 것이다. 그들은 자신이 목표로 하는 것을 매일 반복해서 무의식에 심었다. 당신도 그들처럼 명확한 목표를 무의식에 각인시킬 수 있다. 아침에 눈을 뜬 직후, 낮잠을 자기 직전, 밤에 잠들기 직전 이렇게 총 3번의 시간을 활용해 당신의 목표를 매일 기록한다면 목표는 더욱 분명해지고 무의식에 각인된다. 이 과정을 거치면서 **당신은 문득 목표를 실현할 방법을 떠올리게 될 수도 있다. 그것이 바로 무의식에서 당신에게 보내는 신호이다.** 목적지가 정해졌으니 RAS가 당신에게 목표로 가는 길을 안내해 주는 것이다. 하루에 3번 당신의 목표를 기록하자. 목표를 더욱 깊게 각인시키자.

항상 긍정적인 문장으로 기록하라

부정적인 생각보다 긍정적인 생각이 백배는 강력하다는 것이
과학적으로 입증됐다는 사실을 알아야 한다.
이를 깨닫는 것만으로도 단숨에 걱정이 상당히 줄어들 것이다.

- 마이클 버나드 백위스

'힘들 때 웃는 자가 일류다.'라는 말이 있다. 부정적인 상황에 부닥쳐도 긍정적인 생각을 하는 사람을 보고 우리는 '일류'라고 부른다. 일류라는 말의 사전적 의미는 '어떤 방면에서 첫째가는 지위나 부류.'라고 적혀있다. 첫째가는 지위는 영어로 'first class'를 의미하는데 단어 그대로 해석하면 '일등급'이라는 뜻이다. 비행기에는

일등석(first class)이 있다. 일등석은 일반석(economy)의 10배 이상을 지불해야만 탈 수 있다. 예를 들어 미국행 일반석은 100만 원 정도지만 일등석은 1,000만 원이 넘는다. 일등석에는 보통 상위 1%의 부자들이 탑승한다. 당장 우리가 비행기의 일등석을 타기 힘들 수도 있다. 하지만 지금 즉시 일등급의 삶의 모습을 가진 사람이 될 수 있는 한 가지 방법이 있다. 그것은 바로 '긍정'이다. **긍정의 자세만 갖고 있어도 일류라 불린다. 단순히 그렇게 불리는 것만 아니라 실제로 일등급의 삶을 사는 사람이 된다.**

항상 긍정적인 사람들이 있다. 그들 주위에는 좋은 사람이 많이 모인다. 그 이유는 긍정의 힘이 강해서 주변 사람에게도 전파되기 때문이다. 오랜만에 누군가를 만나면 보통 힘든 일에 관한 대화를 많이 하게 된다. 즉, 부정적인 이야기를 한다는 것이다. 우리는 좋은 이야기를 하면 자랑하는 것 같다는 생각에 일부러 힘든 척을 하기도 한다.

상대방이 부정적인 말을 할 때 사용할 수 있는 아주 좋은 방법이 하나 있다. 우선 그의 말에 절대로 바로 반박하지 말자. 그렇다고 적극적으로 동의할 필요도 없다. 대신 **긍정적인 방향으로 전환할 수 있는 작은 질문을 던져 보자.** 예를 들어 상대방이 "요즘 매출도 떨어지고 사람 뽑기도 아주 힘드네요."라고 이야기한다면 "많이 힘드시겠어요. 그래도 힘든 시기에 사업을 계속해 나가시는 것이 정말 대단하시네요."라고 말하면 된다. 그렇게 긍정적인 피드백을 몇 번 건네다 보면 자연스럽게 부정적인 말이 줄어든다. 그렇게 미팅을 끝내면 "너무나 좋은 시간이었다."라는 연락을 차후에 받게 되는 경우가 많다.

내가 한 것은 단지 부정적인 생각에 동의하지 않고 긍정적인 생각을 할 수 있는 말을 건넨 것뿐이다. 작은 긍정의 말들이 무의식적으로 그 사람에게 긍정적인 감정을 심어 준 것이다.

그러면 상대방의 무의식에서는 좋은 시간이라고 인식하게 된다. 여기서 가장 중요한 것은 자기 자신에게도 부정적인 이야기를 하며 시간을 갖는 것보다 긍정적인 이야기로 시간을 쓰는 것이 훨씬 더 효과적이라는 것이다.

인간은 무의식적으로 긍정적인 것보다 부정적인 것을 더 많이 떠올린다. 그렇기에 부정적인 생각을 스스로 하지 않도록 노력해야 한다. 방법은 크게 2가지가 있다. 부정적인 것을 접하는 횟수를 줄이고, 긍정적인 것을 접하는 횟수를 늘리는 것이다. 특히 뉴스는 보지 않는 것이 좋다. 뉴스는 보통 부정적이고 자극적인 것들로 가득하다. TV 뉴스의 시작 음악만 들어도 뇌는 부정적인 느낌을 받는다. 그 이유는 뉴스의 내용들이 부정적이라는 것을 무의식도 알고 있기 때문이다.

긍정적인 것을 접하는 횟수를 늘리는 가장 좋은 방법은 매일 긍정 문장을 기록하는 것이다. 앞에서 무의식을 움직이기 위해 목표를 기록해야 한다고 이야기했다. 여기서 점검해야 하는 것은 "목표가 긍정적인 문장으로 적혀있는가?"이다. 우리는 매 순간 자신의 무의식에 긍정적인 것을 심어야 한다. 하지만 자칫 잘못하면 자신도 모르게 부정적인 메시지를 심고 있을 수도 있다. 우리의 뇌는 부정적인 것과 긍정적인 것의 차이를 구분하지 못한다. 그저 문장을 통해 떠오르는 상황을 그대로 인지하고 받아들인다. 가령 1년 뒤 목표를 "지금보다 더 가난하지 않은 삶을 살고 싶어요."라고 적었다고 해 보자. 그러면 무의식의 RAS가 활성화되면서 목표를 이루기 위한 방법을 찾기 시작한다. 하지만 문장을 봤을 때 '가난'이라는 단어로 인해서 가난한 모습을 떠올리게 되고 RAS는 당신을 가난으로 안내한다. 우리의 뇌가 단어를 그대로 받아들이기 때문이다.

"지금부터 레몬을 생각하지 마세요."

위의 문장을 읽은 당신은 분명히 머릿속에 레몬을 생각했을 것이다. 심지어 침이 고이기도 했을 것이다. 글을 읽는 것만으로도 머릿속에서 레몬이 생생하게 떠오른 것이다. **우리의 뇌는 부정어를 인식할 수 없다. 그래서 하지 말라고 하면 오히려 그것을 더욱 강력히 생각하게 된다.** 그렇기에 우리가 매일 적는 목표는 긍정적인 언어로 적혀야 하고 당신이 원하는 긍정적인 모습이 떠오를 수 있는 단어로 채워져야 한다.

일본 기업인 긴자 마루칸의 창업자 사이토 히토리는 2004년까지 누적 납세액 173억 엔(약 1,700억 원)을 기록하며 일본 개인 납세액 1위에 올랐다. 그의 제자들에 의하면 그는 항상 긍정적인 말을 하는 것으로 유명했다. 사이토는 제자들에게 사업에 대한 여러 가지 기법을 전수해 주었는데 그중 가장 핵심은 긍정적인 말버릇이었다.

그는 불행을 끊어내는 긍정의 말을 제자들에게 알려준 적이 있다. 그것은 어떤 안 좋은 상황에서도 "이것을 통해 상황이 좋아진다. 더 좋아진다."라고 말하는 것이다. 아무리 좋지 않은 상황에서도 이 말을 하면 부정적인 상황이 자연스럽게 끊어지고 신기할 정도로 그 일이 기회로 변화하게 된다는 것이다.

사이토의 10명의 제자 중 한 명인 미야모토 마유미는《일본 최고의 대부호에게 배우는 돈을 부르는 말버릇》이라는 책을 통해 그에게 배운 내용들을 공개했다. 그중 '행복의 한숨'이라는 개념이 있는데 내용이 참으로 흥미롭다.

하루는 그녀와 사이토가 함께 차를 타고 가고 있었다. 그런데 갑자기 사이토가 한숨을 푹 쉬었다고 한다. 그런데 한숨 뒤에 "행복해."라고 말을 하는 것이 아닌가? 그녀는 깜짝 놀라서 사이토에게 물었다.

"행복하다고요? 지금 '행복해.'라고 하셨죠?"

그러자 사이토는 방긋 웃으며 말했다.

"네, 행복해서 한숨이 나왔어요. 한숨은 세상에서 가장 나쁜 부정적인 파동을 만듭니다. 그래서 한숨만 쉬는 사람에게는 나쁜 일만 생깁니다. 하지만 한숨 뒤에 '행복해.'라는 말을 덧붙이면 그걸 '세상에서 가장 행복한 파동'으로 바꿀 수 있어요. 마유미 씨도 꼭 기억해 두세요."

사이토는 매 순간 긍정적인 생각을 하기 위해 노력했다. 그런 긍정성이 그를 일본 최고의 부자로 만든 것이다. 당신도 한숨이 나올 때 뒤에 '행복해!'라는 말을 덧붙여 보라. 실제로 해 보면 한숨을 쉴 때 부정적인 기운이 긍정적인 기운으로 바뀌는 느낌을 받을 수 있다. 그리고 순간적으로 기분이 좋아지면서 다음에 무언가를 할 때도 더욱 집중이 잘 된다. **긍정적인 생각이 우리의 뇌에 좋은**

영향을 미치기 때문이다.

매일 긍정 문장을 기록해 무의식으로 보내자. 매일 기록하는 당신의 목표를 볼 때 긍정적인 모습이 떠오르는지 점검해 보자. **항상 긍정적인 생각을 통해서 자신을 긍정으로 가득 채워라. 긍정 문장 3가지를 기록함으로 당신의 삶에 매일 긍정을 추가하자.**

긍정 문장 1

_____

_____

긍정 문장 2

_____

_____

긍정 문장 3

_____

_____

감사 문장 3가지로
잠재의식을 움직여라

감사는

기쁨으로 가는 지름길이다.

– 제퍼슨 베스키

감사는 인생을 더욱 풍성하게 만들고 무의식을 긍정적인 방향으로 움직이는 아주 강력한 방법이다. 감사는 긍정보다 훨씬 더 큰 힘을 갖고 있다. 긍정은 초점이 자신에게 맞춰져 있지만 **감사는 타인에게 초점이 맞춰져 있다**. 감사는 잠재의식이 가장 좋아하는 행동 중 하나이다. 주변을 둘러보면 두 유형의 사람이 있다. 첫 번째는 자신이 가진 것을 먼저 바라보고 감사하는 사람이다. 두 번째는

자신이 가지지 못한 것에 초점을 맞추고 부족함을 먼저 느끼는 사람이다. 당신의 주변에는 어떤 사람들이 더 많은가? 일반적으로는 두 번째 유형의 사람이 더 많을 것이다. 인간은 무의식적으로 자신의 부족함에 먼저 집중한다. 우리가 가진 것보다 갖지 못한 것에 초점을 맞추게 되는 이유는 무엇일까?

인간이 부족한 것에 초점을 맞추는 가장 큰 이유는 '욕망'이라는 본능을 갖고 있기 때문이다. 인간은 항상 더 나은 삶을 추구하도록 설계되어 있다. 누구나 더 좋은 집에서 살기를 원하고 더 높은 연봉을 받길 원한다. 물질적인 것이 아니더라도 지금보다 더욱 의미 있는 일을 하길 원한다. 이것은 인간의 본능인 욕망으로 생기는 태도이다. 욕망에는 옳고 그름이 없기에 이를 나쁘다고 할 수 없다. 하지만 우리에게 부정적인 영향을 주는 본능은 거스를 필요가 있다. 욕망을 의식하지 않고 살아간다면 부족한 것들만 눈에 들어오게 된다. 자신이 갖지 못한 것과 남들이 가진 것을 비교하며 자신의 처지를 비관적으로 바라보기까지 한다. 이런 본능은 의식적으로 노력해야 바꿀 수 있다. 내가 가진 것을 먼저 바라보려 하고 가진 것에 감사하는 행동은 본능을 거스르는 것이다. 그래서 의식적으로 노력하지 않으면 다시 부정적인 본능이 올라온다. **우리가 결핍에 초점을 맞추는 것이 당연함을 인정하고 자신이 가진 것으로 눈을 돌려 감사하는 사람은 남들과는 다른 삶을 살아가게 된다.**

최근에 소유하게 된 것 중에서 당신을 기분 좋게 만들었던 대상을 생각해 보자. 한번 떠올려 보았는가? 이제는 그것을 살 수 있고 가질 수 있는 현재에 감사한다고 생각해 보자. 짧은 순간이지만 감사하는 마음을 갖는 것만으로도 기분이 달라질 것이다.

순간의 작은 생각으로도 기분이 좋아진다. 그만큼 감사의 힘은 즉각적이며 매우 강하다.

일본인이 가장 존경하는 기업인이자 경영의 신(神)이라 불리는 마쓰시타 고노스케는 하나님이 자신에게 준 3가지 은혜 덕분에 큰 성공을 할 수 있었다고 말했다.

어느 날 그에게 한 기자가 질문했다.

"당신이 성공한 가장 큰 비결은 무엇인가요?"

마쓰시타는 이렇게 답했다.

"3가지가 있습니다. 첫째, 가난한 집에서 태어난 것. 둘째, 보잘 것없는 학력. 셋째, 몸이 연약했던 것입니다."

예상과는 전혀 다른 대답에 기자는 당황했다. 그러자 마쓰시타는 3가지 이유를 기자에게 설명해 주었다.

"나는 집이 몹시 가난해서 어릴 적부터 구두닦이, 신문팔이 같은 고생을 하는 사이에 세상을 살아가는데 필요한 많은 경험을 쌓을 수 있었습니다. 그리고 태어났을 때부터 몸이 몹시 약해서 항상 운동에 힘써 왔기에 늙어서도 건강을 유지할 수 있었습니다. 마지막으로 나는 초등학교도 못 다녀서 모든 사람을 나의 스승으로 여기고 누구에게나 물어가며 배우는 일을 게을리하지 않을 수 있었습니다."

 마쓰시타 고노스케가 말한 3가지는 가난함과 허약함 그리고 낮은 학력이다. 그가 말한 것은 일반적으로 우리가 불행하다고 생각하는 것이다. 하지만 그는 이 3가지 불행을 '하나님이 주신 은혜'라는 표현까지 쓰며 감사했다. 그는 자신이 가진 어떤 것도 감사할 수 있는 마음의 자세를 갖추고 있었다. 이러한 그의 태도는 또 다른 영역에서도 살펴볼 수 있다.

 마쓰시타의 고노스케는 경영자로서의 '불황 극복 수칙 10가지'를 알려주었다. 그 중 첫 번째 항목이 "불황도 좋다고 생각한다."이다. 첫 항목만 봐도 그가 얼마나 긍정적인 생각으로 감사하는 삶을 살아가는지를 엿볼 수 있다. 그가 단순히 큰 성공 했기에 일본 경영의 신이라 불린 것은 아닐 것이다. 항상 가진 것에 감사하는 자세가 사람들에게 큰 본보기가 되었기에 그는 일본에서 수많은 기업인이 존경하는 경영의 신과 같은 존재가 된 것이다.
 이처럼 자신이 가진 것에 감사하는 마음을 갖는다면 주변에 큰 영향을 줄 수 있다. 어떤 것이든 자신이 가지고 있어야 나눠 줄 수 있듯이 감사도 마찬가지다. 매 순간 자신이 가진 것에 감사함으로 무의식에 감사하는 마음을 풍성하게 쌓으면 남들에게도 감사를 나눠 줄 수 있게 된다.

미국 타임스지에서 선정한 20세기의 위대한 인물이자 전 세계 2,200만 명이 넘게 시청한 TV쇼를 진행하는 오프라 윈프리는 감사의 중요성을 사람들에게 강조했다. 그녀는 사생아로 태어나 굉장히 불우한 환경에서 어린 시절을 보냈다.

9살 때부터 친척에게 성폭행당했고 마약에 빠진 삶을 살게 되었다. 그러다 14살에는 아빠가 누군지도 모르는 아이를 뱄는데 아기는 태어난 지 2주 만에 죽어버렸다. 누가 봐도 벗어날 수 없을 것 같은 절망적인 환경을 그녀는 어떻게 극복할 수 있었을까? 그녀는 불행했던 환경을 변화시킨 자신의 성공 비결로 '감사하는 습관'을 꼽았다. 그녀는 매일 하루에 일어난 일 중 감사한 일 5가지를 노트에 쓰며 자신이 가진 것에 집중했다. 감사를 통해 그녀는 삶의 즐거움과 행복을 깨달았다. 감사한 것들이 삶에 쌓여나가면서 운명이 바뀌기 시작했다고 오프라는 이야기한다.

그녀는 저서 《내가 확실히 아는 것들》에서 1996년 10월 12일 기록한 감사 일기를 공개했다.

1. 나를 시원하게 감싸주는 부드러운 바람을 받으며 플로리다의 피셔 섬 주위를 달린 것
2. 햇빛을 받으며 벤치에 앉아 차가운 멜론을 먹은 것
3. 머리가 엄청나게 큰 남자를 소개팅 받은 게일과 신이 나서 오랫동안 수다를 떤 것
4. 콘에 담긴 셔벗, 너무나 달콤해서 손가락까지 핥아 먹음
5. 마야 안젤루가 새로 쓴 시를 전화로 들려 주신 것

그녀가 쓴 내용을 보면 '이게 감사의 대상이라고?'라는 생각이 떠오를 만큼 특별할 것이 전혀 없다. 그저 일상에서 일어날 수 있는 일들뿐이다. 하지만 그녀는 자신이 가지고 있는 평범한 것을 감사할 줄 알았다. 삶에서 가진 것을 의식적으로 발견하고 감사를 반복하면 숨겨져 있는 행복을 찾을 수 있게 된다. 오프라는 감사의 원리를 알았고 매일 가진 것에 대해 감사 기록을 했다. 감사 일기를 기록하면서 자연스럽게 무의식에 감사가 풍성해진 것이다. 그렇게 오프라는 자신이 가진 감사의 힘을 남들에게 나눠 줄 수 있는 사람이 되었다.

하루에 감사하다는 말을 몇 번이나 하는지 한번 생각해 보자. 감사는 많이 하면 할수록 좋다. 예전에는 나도 늦잠을 잔 날에 "하, 오늘도 늦잠 잤네, 게으른 놈!"이라는 말을 스스로 뱉으며 아침을

맞이하기 일쑤였다. 하루의 첫 시간을 실패의 말을 뱉으며 시작한 것이다. 하지만 감사의 중요성을 알고 난 후부터는 늦잠을 자더라도 눈을 뜨는 순간 "오늘도 푹 자고 잠에서 깰 수 있도록 해 주셔서 감사합니다."라는 말을 하며 혼자 미소를 짓는다. 세수할 때도 거울을 보며 "오늘 하루도 상쾌한 하루를 시작함에 감사합니다."라고 말하고 혼자 이가 보일 정도로 크게 미소를 짓는다. 그러면 자연스럽게 기분이 좋아진다. 집을 나설 때도 "오늘도 행복한 하루가 시작된다! 감사합니다."라고 혼잣말한다. 매일 이렇게 3가지 감사 문장으로 기분 좋은 하루를 시작하다 보니 행복한 일이 삶에서 더욱 많이 일어난다.

당신도 삶을 감사로 채워 줄 3개의 감사 문장을 만들어 보자. 매일 감사 문장을 기록하고 감사하다는 말을 내뱉어 보자. **감사를 당신의 무의식에 계속 보내면 당신의 내면은 감사로 가득 찰 것이다.** 그리고 감사한 마음을 주변에 나눠 주면서, 삶에서 행복한 시간도 점점 늘어날 것이다. 그 시작점으로 지금 당장 감사 문장 3개를 기록해 보자.

당신의 감사 문장 3가지

1. _____
   _____

2 _____

3 _____

_____

목적지는 최대한
구체적으로 적어라

마음에 무엇을 품고 무엇을 믿든

몸이 그것을 현실로 이룬다.

- 나폴레온 힐

 추상적인 것은 무의식에 제대로 전달되지 않는다. 추상적이란 명확한 목적지가 없는 것이다. 나는 면접을 볼 때 구직자의 최종 목표가 무엇인지 물어 본다. 우리 회사는 20대 청년들이 많이 오는데 90% 이상이 "평범하게 집이랑 차를 가진 행복한 가정을 꾸리는 겁니다."라고 대답한다. (개인적으로 이런 답변을 들으면 현실에 부딪힌 청

년들의 모습에 마음이 너무 아프다.) 앞에서 그들이 말한 문장은 목표라고 말하기 어렵다. 그 이유는 자신도 어떤 모습인지 정확히 그리지 못할 만큼 너무나도 추상적이기 때문이다. **명확하지 않은 목표는 잠재의식이 반응하지 않는다.** 그 사람이 원하는 평범한 집은 어떤 모습이고 정확히 어떤 차를 원하는지, 그가 생각하는 행복한 가정은 어떤 모습인지 무의식은 스스로 알 수 없다. 무의식이 목표를 인식하려면 '행복'과 같은 추상적인 형용사를 구체화하는 작업이 필요하다. 방법은 아주 간단하다. 추상적인 명사형 단어를 동사형으로 바꾸거나, 구체적인 상황으로 서술하면 된다.

〈매일 목표를 3번씩 말하고, 이미 이루어진 것처럼 행동하라〉 장에서 RAS(망상활성계)에 관해 설명했다. RAS는 정확한 목표를 정해 주면 내가 의식하고 있지 않을 때라도 내면에서 활동하며 목표로 가는 길을 정확하게 찾아내는 역할을 한다. RAS는 쉽게 생각해서 우리가 잘 아는 GPSGlobal Positioning System와 내비게이션을 떠올리면 된다. GPS는 우주 위성에서 보낸 신호를 받아 사용자의 현재 위치를 계산해 내는 위성항법 시스템이다. GPS가 가장 많이 쓰이는 곳은 바로 내비게이션이다. 내비게이션이 나온 이후부터는 목적지까지 가는 모든 경로를 다 알고 있을 필요가 없어졌다. 어디로 가고 싶은지 목적지만 정확히 지정해 주면 내비게이션이 가장 효율적인 길로 안내해 준다. 혹시나 길을 잘못 들었더라도 내비게이션은 다시 탐색해 목적지로 향하는 새로운 경로를 안내해 준다. RAS는 우리의 내비게이션이다. 우리는 구체적인 목적지를 지정해 주고 RAS가 안내해 주는 길을 따라가면 된다.

세계적으로 유명한 동기부여 강사이자 비즈니스 컨설턴트인 브라이언 트레이시는 목표 설정 방법을 하나 소개했다. 그는 저서 《겟 스마트》에서 "애매한 꿈보다는 구체적인 목표가 낫다."라고 말하며 구체적으로 목표를 세울 수 있는 '3P 목표 설정법'에 대하며 설명한다.

"목표를 종이에 쓸 때는 3P를 사용해라. 목표를 반드시 개인적이고Personal 긍정적인Positive 내용으로 현재형Present tense으로 써라. 당신의 무의식은 목표가 이런 식으로 적절히 표현되었을 때만 작동한다. 각 목표는 '나는'으로 시작해서 현재형 동사로 연결되어야 한다.
예를 들어, 당신의 목표는 이렇게 쓰여야 한다. "나는 올해 12월 31일까지 ○○○달러를 번다."

트레이시가 말하는 바도 결국 목표가 달성되려면 구체적으로 적어야 한다는 것이다. 첫 번째 P인 Personal(개인적인)은 개인이 진정으로 원하는 목표를 의미한다. 남들이 당신에게 바라는 목표가 아닌 당신이 진정으로 원하는 목표인가를 묻는 것이다. 두 번째 P인 Positive(긍정적인)는 긍정적인 문장으로 기록하는 것이다. 우리가 앞에서 몇 번씩이나 긍정 문장을 써야 하는 이유에 대해서 알아본 것도 바로 이것 때문이다. 세 번째 P인 Present tense(현재형)는 우리가 앞에서 적어 보았듯이 이미 그것을 가진 것처럼 느끼면서 현재형 문장으로 적는 것이다. 이렇게 3가지를 생각하면서 목표를 적으면 자연스럽게 구체적인 문장으로 목표가 작성될 수밖에 없다. 그러면 무의식이 반응하게 되는 것이다.

클라우드 M. 브리스톨은 세계적인 성공학의 거장이자 인기 도서 작가이다. 그는 《신념의 마력》이라는 자신의 책에서 "목적지를 정확히 알고 모터보트를 타라."라고 이야기하고 있다.

그는 목적지는 남들처럼 성공하겠다는 막연하고 구체적이지 못한 생각만으로는 안 된다고 말한다. 그리고 구체적인 목표를 세우기 위해서 스스로 3가지 질문을 던져보게 했다.

첫 번째 "무엇을 향해 나갈 것인가?"
두 번째 "목적지는 어디인가?"
세 번째 "자신의 욕망을 눈앞에 확실하게 그릴 수 있는가?"

그는 이 3가지 질문에 구체적으로 대답할 수 있는 목표를 가진 사람이 100명 중에 1~2명 정도 있을까 말까 한다고 말했다. 전체의 1~2%밖에 되지 않는다는 것이다. 길에 다니는 사람을 붙잡고 "당신의 목표는 무엇인가요?"라고 물어 봤을 때, 목표를 구체적으로 말할 수 있는 사람이 몇 명이나 될까? 추상적인 소망을 가진 사람은 많겠지만 구체적인 목표를 머릿속에 그리고 있는 사람은 거의 없을 것이다. 클라우드 M. 브리스톨의 말처럼 100명 중에 1~2명만 있어도 엄청 많은 것으로 생각한다.

당신은 이미 분명한 목표를 갖고 있다. 그렇기에 당신은 이미 상위 1%에 속하는 사람이다. 목표는 그대로 방치하면 소용이 없어진다. 매일 구체적인 목표를 적으며 더욱 구체적으로 만들어 가야 한다. 구체적인 목표를 기록해 더욱 분명하게 무의식에 보내자. 그러면 무의식은 더욱 빠르게 당신의 목표에 반응할 것이다.

무의식을 깨우는
3가지 말버릇

말은

마음의 초상이다.

- 존 레이

인간의 무의식 속에는 먼 옛날부터 체화된 동물적 본능이 담겨 있다. 오랜 기간 쌓여 온 인간의 본능을 단기간에 변화시키기란 여간 어려운 일이 아니다. 원하는 것을 매일 무의식에 각인시켜 움직이는 방법으로는 기록이 가장 효과적이다. 이번에는 기록과 함께 사용했을 때 무의식에 더욱 큰 영향을 줄 방법을 한번 알아 보자.

옛 속담에 보면 "말 한 마디로 천 냥 빚을 갚는다.", "가는 말이 고와야 오는 말이 곱다."와 같이 말의 중요성에 관련된 것들이 많다. 그만큼 말이 삶에 미치는 영향력이 크다는 것이다. 우리의 무의식도 말에 의한 영향을 크게 받는다. 당신이 반복해서 하는 말이 나중에 당신의 모습으로 실현되기도 한다. 우리는 올바른 말을 하는 습관을 갖고 있어야 한다. 우리의 무의식을 움직이는 또 다른 방법은 바로 '올바른 말버릇'이다.

무의식을 깨우고 변화시키기 위해서는 3가지의 말버릇을 갖춰야 한다.

첫 번째, 긍정적인 말버릇
두 번째, 자기 확언의 말버릇
세 번째, 사랑의 말버릇

긍정적인 말버릇

가장 먼저 해야 하는 것은 '긍정적인 말버릇'이다. 긍정의 기록과 함께 긍정의 말을 입으로 내뱉는다면 더욱 큰 효과를 낼 수 있다. 우리는 살아가면서 의도적으로 긍정적인 말만 내뱉도록 노력해야 한다. 인간의 기저에 깔린 생존 본능은 자연스럽게 '걱정'과 '불안'을 먼저 느끼도록 설계되었다. 그래서 우리는 의식하지 않으면 부정적인 말을 먼저 하게 된다. 생존이 가장 큰 과제였던 선사

시대에는 인간의 가장 중요한 본능이 걱정과 불안이었다. 수렵채집을 하던 시대에 인간은 들개 한 마리 상대하지 못하는 약한 존재였다. 그렇기에 길을 가다 풀숲에서 부스럭 소리가 났을 때 불안을 느끼고 빠르게 그 자리를 피한 사람은 살아남을 확률이 높았다. 하지만 부스럭 소리에도 아랑곳하지 않고 무감각하게 반응한 사람은 그곳에서 튀어나온 맹수들의 습격을 받아 죽게 되었다. 즉, 걱정과 불안의 본능을 더 크게 갖는 사람이 살아남을 확률이 높았다. 그렇게 걱정과 불안은 우리의 기저에 깔린 본능이 되었다.

우리는 걱정과 불안의 본능에 끌려다니지 않도록 긍정적인 말버릇을 장착해야 한다. 사람들이 "요즘 어떻게 지내고 있어?"라고 안부를 물을 때 "엄청 행복하게 지내고 있지!" 같이 긍정적인 답변을 던져 보자. 그러면 사람들은 의아한 반응 보내며 "진짜? 뭐가 그렇게 행복한데?"라고 질문할 수도 있다. 그들이 "행복하게 지내고 있어."라는 당신의 답변에 의아해하는 이유는 **보통 안부를 물었을 때 돌아오는 대답이 부정적이기 때문이다.** 일반적으로는 "예전이랑 똑같이 살지 뭐…." "그냥저냥 지내고 있어…."라고 대답한다.

"나는 행복하게 지내."라는 짧은 긍정의 말을 하는 것만으로도 사람들에게 새로운 느낌을 주고, 긍정적인 사람으로 비칠 수 있다. 실제로 긍정적인 말을 계속하면 진짜 행복하다고 느끼게 되고 삶이 자연스럽게 긍정적인 모습으로 바뀌게 된다.

자신만의 긍정 문장 3가지를 만들어 매일 읽어 보자. 나는 3가지 문장을 자주 반복해서 말한다. "나는 매일 행복하게 살고 있다.", "내가 하는 모든 일은 즐겁다.", "나는 운이 너무 좋다." 여러분도 자신만의 긍정 문장을 기록하고 긍정의 말버릇을 장착해 보자. 매일 긍정의 말버릇을 갖추기 위해 노력하자. **긍정의 말버릇은 여러분의 삶에 행복한 순간을 선물해 줄 것이다.**

나만의 긍정 문장 3가지

1

2

3

자기 확언의 말버릇

두 번째는 '*자기 확언의 말버릇*'이다. 확언은 자기 자신에 대한 선언을 매일 반복하는 것이다. 자기 확언은 매일 자신의 목표를 외치는 것에서 시작된다. 목표가 '1년 안에 1억 원 모으기'와 같은 일반적인 문장으로 되어 있다면, "202X년 12월 31일, 내 통장에는 1억 원이 들어 있다."처럼 자연스럽게 확언할 수 있는 문장으로 바꿔 보자. 그리고 그것을 매일 반복해서 외치면서 "할 수 있다!"라는 감정을 느껴 보자.

재일교포인 손정의 회장은 개인 자산 28조 원으로 2018년 일본 최고의 부자에 올랐다.

그는 "소프트뱅크를 매출 20조 원의 기업으로 만들겠다."와 같은 자기 확언의 발언을 자주 했다. 그는 실제로 소프트뱅크를 일본 최고의 기업으로 만들며 목표를 실현했다.

1995년부터 2017년까지 22년간 가장 오래 세계 1위 부자로 꼽힌 빌 게이츠는 어릴 적 "모든 책상에 PC를 한 대씩 놓겠다(A PC on every desk)."라는 자기 확언의 말을 했다. 처음에는 많은 사람이 그를 비웃었다. 그 당시 컴퓨터는 크고 무거웠으며 가격도 굉장히 비쌌기 때문이다. 하지만 지금 당신의 주변을 한번 보라. 이제는 일인당 한 대 이상의 컴퓨터를 갖고 있다. 게이츠는 자신의 목표를 분명히 하고 자기 확언하며 강하게 믿었고, 그는 실제로 그 모습을 실현해 냈다.

이처럼 세상에는 자기 확언을 외치며 실현해 낸 사례가 무수히 많다. 당신도 그들처럼 할 수 있다. 당신만의 확언 문장을 만들고 그것을 매일 외쳐 보자. 거창할 필요는 없다. 당신이 원하는 모습을 먼저 떠올리며 그것을 확언의 문장으로 만들어라. 목표를 기록하며 확언의 말을 함께 한다면 목표는 무의식에 더욱더 강하게 각인된다.

자기 확언 문장 3가지

1.
2.
3.

사랑의 말버릇

세 번째는 '**사랑의 말버릇**'이다. **사랑은 모든 것을 아우르는 가장 강력한 도구이다.** '사랑해'라는 말을 자신에게 할 수 있는 사람은 다른 사람도 진정으로 사랑할 수 있다. 자신을 가장 사랑하는 사람은 큰 실수를 했더라도 스스로에게 괜찮다고 용서해 주며 사랑한다고 말할 수 있는 사람이다. 그런 사람을 우리는 자존감이 높고 내면이 단단한 사람이라고 부른다.

철학자 프리드리히 니체는 이런 말을 했다.
"자기 자신을 사랑하고 존경하라. 자기 자신을 하찮은 사람으로 취급하지 마라. 그런 태도는 자신 행동과 사고를 옭아맨다. 어떤 일을 하더라도 자기 자신을 사랑하는 것에서부터 시작하라. 지금까지 살아오면서 아직 아무것도 이루지 못하였더라도 자신을 항상 존엄한 인간으로 사랑하고 존경해야 한다."
우리도 니체의 말처럼 먼저 자신을 사랑하는 사람이 되자. 사랑의 말버릇을 가장 먼저 사용할 대상은 자기 자신이다.

당신이 사랑한다는 말을 건넬 수 있는 사람이 주변에 몇 명이나 되는가? 보통 5명 내외이며, 많아야 10명 이내일 것이다. 당신이 사랑한다고 말할 수 있는 사람은 당신의 삶에 없어서는 안 되는 아주 중요한 존재이다.

사랑한다는 말을 아끼지 말자. 사랑이라는 말은 나누면 상대방에게 큰 감동을 준다. 사랑의 말버릇은 소중한 사람들끼리만 나눌 수 있는 아주 귀중한 말버릇이다.

매일 기록과 함께 3가지 말버릇을 실천한다면 우리의 무의식은 더욱 빠르게 원하는 것을 받아들일 준비를 한다. '긍정, 자기 확언, 사랑' 3가지의 강력한 말버릇을 장착하고 세상을 살아간다면 당신의 삶이 변화하는 것은 물론 주변 사람들에게도 아주 강력한 영향을 줄 것이다.

당신의 목표를
이미지화하라

이미 성공한 모습을 마음속으로 생생하게 그리는 습관은
목표를 달성하는 가장 강력한 수단이다.

- 에스티 로더

무의식을 가장 효과적으로 움직이는 아주 강력한 마지막 방법을 알아보자. 이 책을 읽기 전 당신이 원하는 것은 그저 당신의 머릿속에만 있었다. 이 책을 읽으며 당신은 직접 펜을 들고 목표를 기록했다. 지금 당신은 구체적인 목표와 3년 후의 원하는 명확한 모습을 갖춘 사람이다. 목표를 적으며 구체적인 이미지가 머릿속으로 그려졌을 것이다. 이제 그것을 밖으로 꺼낼 때가 왔다. 많은 사

람이 이 과정을 거치지 않고 목표를 적는 것에만 그친다. 하지만 다음 방법을 실천하는 것이 가장 중요하다. 이 방법은 당신이 목표로 가는데 구체적인 길을 제시해 주며 원하는 것을 더욱 선명하게 그릴 수 있도록 도와준다. 이 도구는 당신이 목표까지 도달하는 데 걸리는 시간을 앞당겨 주기도 한다.

그 도구는 바로 '**비전보드**'이다. 비전보드란 당신의 목표와 미래의 모습을 실제 '이미지'로 만들어 붙여 놓은 보드판이다. 많은 자기 계발 책에 원하는 것을 시각화하라고 이야기한다. 가장 많이 말하는 방법은 원하는 미래를 생생하게 머릿속으로 그려보는 것이다. 그렇게 시각화할 때 이미지로 된 자료가 있다면 더욱 효과적으로 할 수 있다.

꿈의 비전보드는 크게 3가지의 효과를 낳는다.
첫 번째, 목표를 아주 생생하게 표현할 수 있다.
두 번째, 이미지가 쉽게 머릿속에 그릴 수 있다.
세 번째, 이미지화하는 과정에서 자연스럽게 기분이 좋아진다.

먼저 비전보드는 목표를 아주 '생생'하게 표현할 수 있게 해 준다. '생생'은 한자로 적으면 '生生'이다. 생명을 의미하는 날 생(生)자가 2개나 붙어 있는 단어이다. 날 생(生)은 '낳는다'라는 뜻이 있다. 아이를 낳는다는 것은 새로운 생명체를 만드는 행위다. 비전보드는 아이를 낳는 것처럼 당신의 목표를 세상 밖으로 꺼내고, 아이가 생명을 갖고 태어나듯이 목표에 생명을 불어넣어 준다. 생생한 상상을 하기 위해서 당신의 목표가 이미지화 되어 있는 비전보드가 필요하다.

비전보드의 두 번째 효과는 분명한 하나의 이미지를 떠올릴 수 있는 것이다. 당신이 정말 원하는 것이라도 머릿속에서만 떠올리면 그 모습은 조금씩 변하게 된다. 무의식이 움직이기 위해서는 당신이 원하는 분명한 하나의 모습을 만들어 놓고 그 모습을 계속해서 떠올리는 것이 중요하다. 하나의 모습을 떠올리기에 가장 좋은 방법은 내가 목표하는 것과 같은 모습을 이미지로 출력해 붙여 놓는 것이다. 비전보드의 모습을 매일 바라보며 머릿속에 각인시킨다면 그것은 무의식에 분명하게 각인되어 쌓인다.

비전보드의 세 번째 효과는 '목표를 이미지화하는 과정에서 자연스럽게 기분이 좋아진다.'라는 것이다. 이것은 당신이 실제로 비전보드를 만들어 봐야지만 느낄 수 있다. 당신만의 이미지를 찾으면 동심으로 돌아간 것 같은 느낌이 든다. 만약 멋진 몸이 목표라면 멋진 몸을 가진 사람의 이미지를 찾아서 자르고, 나의 얼굴은 따로 준비해서 위에 덧붙이면 된다. 마치 미술 놀이를 하는 것처럼 내가 원하는 모습을 만들어가는 과정이다. 실제 목표들을 구체적인 이미지로 만드는 과정을 통해 당신은 지금까지 느껴보지 못한 새로움에 기분이 좋아질 것이다.

그림 우월성 효과picture superiority effect라는 것이 있다. 그림이 글자보다 더 쉽게 인지되고 더 오래 기억에 남는 현상을 말하는 것이다. 인지심리학자들은 실험을 통해 특정한 정보를 글자로 본 사람들은 3일(72시간) 정도가 지나면 단 10%만 기억하게 되지만, 글자와 그림이 함께 들어 있는 정보는 72시간 후에도 최대 65%까지 기억을 한다는 것을 알아냈다. 수많은 세계적인 천재들은 모두 글자가 아닌 그림으로 생각한다고 한다. 애플의 CEO였던 스티브 잡스도 이미지의 강력한 힘을 알고 있었다. 아이폰을 처음 공개했던 자리에서 그는 프레젠테이션 페이지 대부분을 이미지로 채웠고 텍스트는 최소한으로 넣었다. 미국의 천재 물리학자인 리처드 파인만도 "복잡한 수학적 문제를 풀 때는 그림을 먼저 그리고 수학적 계산은 나중에 하기 시작한다."라고 이야기했다. 이처럼 이미지는 글자보다 훨씬 강하게 우리의 무의식에 자극을 준다.

우리 회사는 매년 초 비전보드를 만든다. 비전보드를 제작하는 시간이면 직원들의 얼굴에는 미소가 넘친다. 목표가 이미 이루어진 것처럼 즐거워하면서 행복해하는 모습을 자주 보인다. 비전보드는 매일 사용하는 사물함 앞에 붙여 놓고 출퇴근할 때 자연스럽게 볼 수 있게 했다. 그런데 정말 신기하게도 비전보드에 정확하고 구체적인 목표를 작성한 직원들은 그 모습이 이루어졌다. 작년에 아쉽게 대학에서 떨어졌었던 직원은 비전보드를 만들고 원하는 대학교에 합격했다. 다른 직원은 지금보다 더 넓은 집을 이미지화해서 붙였는데, 원했던 방 개수를 가진 넓은 집으로 이사해 아주 만족하며 살고 있다. 또 다른 직원은 격투기 대회에 출전해서 메달을 따기도 했다. 실제로 비전보드에 담은 목표들이 이루어지는 것을 보면 정말 신기하다.

비전보드는 당신이 보기 좋은 방법으로 만들면 된다. 잡지와 신문을 오려서 붙여도 좋고, 포토샵 같은 툴을 이용해 직접 디자인해서 만들어도 좋다. 가장 중요한 것은 일단 한번 만들어 보는 것이다. 비전보드는 한번 만들고 끝나는 것이 아니라 주기적으로 업데이트를 해 줘야 한다. 이미 이룬 것이나 원하지 않는 것은 지워 주고 새로운 목표 이미지로 바꿔 주며 계속 생생하게 살려 둬야 한다. 당신의 목표 3가지를 이미지화한 비전보드를 만들고 가장 잘 보이는 곳에 붙여라. 그 이미지를 자주 보며 목표를 생생하게 떠올리고 기분 좋은 감정을 느껴라. 행복의 감정은 무의식에 전달되어 무의식을 춤추게 할 것이다.

3장

당신의 하루를
기록으로
지배하라

단 3분의 의지로
하루를 바꿀 수 있다

시간과 인내, 그리고 끈기만이

모든 것을 달성한다.

- 허버트 코프먼

목표를 이루기 위해 가장 중요한 것은 분명한 목표를 갖고 매일 목표에 다가서는 하루하루를 사는 것이다. 목표를 달성하는 가장 효과적인 방법은 목표를 아주 잘게 쪼개는 것이다. 당신의 3년짜리 목표를 1년 단위로 쪼개고, 또다시 그것을 한 달, 하루 단위로 쪼개서 매일 실행해야 한다. 더 작게 쪼갠다면 **지금 내 앞에 주어**

진 순간, 눈앞의 3분을 어떻게 쓰느냐에 따라 당신의 미래가 달라진다. 삶의 매 순간이 목표를 향한 행동으로 채워지면 어느새 당신의 목적지는 눈앞에 현실로 나타나게 된다.

우리의 삶은 배가 항해하는 것이고 당신은 배의 선장이다. 지금까지 당신은 분명한 목적지 없이 떠다니는 배와 같았다. 과거가 어떤 방향으로 가고 있었든 당신의 미래와는 아무 상관 없다. 이미 당신은 삶을 바꿔보고자 이 책을 읽고 있기 때문이다. 이 책을 통해 당신은 목표를 적으며 새로운 목적지와 방향을 세웠다. 그럼 이제 당신이 몰고 있는 배의 항로를 변경해 새로운 목적지로 향해야 한다. 그런데 만약 배의 방향을 한 번에 "휙!" 하고 틀어 버린다면 어떻게 될까? 배는 균형을 잃고 그대로 침몰해버릴 것이다. 우리가 어릴 적에는 배가 작지만 나이가 들면서 배의 크기가 점점 커진다. 생각해 보면 어릴 적에는 매년 새로운 꿈으로 가득 차 있었다. 1년에 2~3번씩 꿈의 목적지가 바뀌기도 한다. 배가 작을 때(나이가 적을 때)는 방향 전환이 상대적으로 자유롭지만, 시간이 지나 배의 크기가 커지면 방향을 틀기 어려워진다.

당신의 현재 모습과 목적지의 괴리가 크다면 키를 돌려 방향을 트는 데 많은 시간이 필요하다. 하지만 하루에 각도를 단 1도만 바꾼다고 해도 반년도 채 되지 않아 방향을 180도 바꿔 버릴 수 있다. 그렇기에 당신의 현재 모습과 목표와의 괴리감이 크다고 조급해져서 시간을 무리하게 단축하려 하면 안 된다. 잘못하다가는 앞에서 말한 것처럼 배가 침몰하듯이 한순간에 큰 실수로 포기해야 하는 상황을 만들 수도 있다. 예를 들어, 몸 생각 안 하고 너무 무리하다가 건강을 해치거나, 잘못된 판단으로 부정적인 일에 엮이게 되면 목적지에는 가 보지도 못하고 멈춰야 하는 상황이 생긴다. 그러면 다시 일어나기까지 엄청 오랜 시간이 필요하니 조심해야 한다.

여유로운 마음을 가져라. 편안한 마음으로 이번 장을 차근차근 따라 하다 보면 당신은 자연스럽게 목적지를 향해 나아가고 있을 것이다.

우선 가장 먼저 할 일은 '현재 상황을 명확하게 파악하는 것'이다. 당신이 가진 것과 목표한 모습의 차이를 명확하게 알면 목적지를 향해 얼마나 키를 틀어야 하는지 알 수 있다. 지금 당신이 가지고 있는 것들을 생각해 보자. 앞에서 이야기했듯이 인간의 무의식에는 욕망이 내재하여 있어 가진 것보다 부족한 것에 초점을 맞춘다. 그렇기에 먼저 가진 것을 적어야 한다. 그 과정에서 당신의 상황이 생각보다 괜찮다는 것을 알아챌 것이다. 지금 당신의 현재 모습과 목표한 모습을 아래 표에 한 번 적어 보자.

당신의 3가지 목표와 현재 모습

	목표한 모습	현재 모습
1		
2		
3		

이 과정을 통해 당신은 2가지를 알 수 있게 된다. 첫 번째는 당신이 이미 목표한 모습 일부를 갖고 있다는 것이다. 두 번째는 목적지와 현재 모습의 차이를 명확하게 알게 된다. 이제 당신이 해야 할 것은 목적지로 가기 위한 아주 작은 행동들을 정해야 한다. 그리고 행동들을 모아 루틴을 만들고 매일 반복해 '습관'으로 만들어야 한다. 그러면 목표로 향하는 행동을 매일 실천하는 삶을 살게 된다.

일본 도쿄대학교의 생명과학 분야 교수이자 뇌과학 전문가인 이시우라 쇼이치는 습관에 대해 이렇게 말했다.

"뇌의 구조는 반복을 통해 바꿀 수 있다. 뇌는 가소성이 있어 변화시킬 수 있는데 좋은 습관을 지닌 뇌로 만들기 위해서는 30일,

즉 한 달 정도의 기간이 필요하다."

　우리는 작심삼일이라는 말을 자주 쓴다. 당신도 목표를 세우고 3일이 지났을 때 신기할 정도로 자신의 의지가 흐지부지되는 경험을 해본 적이 있을 것이다. 30일을 매일 꾸준히 하는 것은 절대로 쉽지 않다. 하지만 잘게 쪼갠다면 누구나 해낼 수 있다. 먼저 30일이 아니라 3일부터 생각하자. 3일보다는 3시간, 3시간보다는 3분을 생각하자. 3일을 10번 반복하면 습관이 형성되는 30일을 채울 수 있듯이 눈앞의 3분을 잘 사용한다면 실천하는 하루를 만들 수 있다. 무엇이든 작게 생각하면 오히려 쉽게 다가온다.

　목적지로 향하는 당신의 루틴에 무엇을 넣을 것인가? 루틴은 하나의 항목을 실행하는데 3분 정도 걸리는 것이 적당하다. 1분은 너무 짧아 무언가를 하기는 쉽지 않고, 5분도 처음에는 생각보다 집중하기가 어렵다. 당신의 목적지에 도달하기 위해 지금 당장 눈앞에 주어진 3분간 할 수 있는 것을 생각해 보라. 예를 들어, '3년 후, 미국 실리콘 밸리에 있는 신생기업에 취업해 좋아하는 일을 하고 있다.'라는 목표가 있다면 가장 먼저 무엇을 해야 할까? 당연히 영어 공부를 해야 할 것이다. 그러면 영어에서 3분 동안 단어를 암기할지, 문장을 외울지 선택하고 실행하면 된다. 그리고 그것을 하루의 루틴으로 넣어서 매일 반복하는 과정을 거치는 것이다. 목표가 있어도 오늘 하루 동안 목표로 가는 발자국을 하나도 남기지 않는다면 목표는 절대로 당신에게 오지 않는다. 먼저 딱 3분만의 의지로도 실천할 수 있는 루틴을 기록해 보자.

목표를 3분짜리 작은 행동으로 쪼개 보자. 3분은 큰 의지가 없어도 움직일 수 있기에 쉽게 시작할 수 있다. '3분 정도 한다고 정말 효과가 있을까?'라고 생각할 수도 있다. 하지만 3분은 전혀 짧은 시간이 아니다. 3분이면 팔굽혀펴기도 최소 50개 정도 할 수 있고 영어 단어도 50개는 충분히 숙지할 수 있다. 운동을 하나도 안 하던 사람이 매일 팔굽혀펴기를 50개씩 하면 몸에는 반드시 변화가 일어난다. 그렇게 습관이 되면 자연스럽게 5분, 10분으로 시간이 늘어날 것이다. 당신의 목표로 향하는 '3분의 루틴'을 만들어 매일 실행해 보자.

	목표한 모습	매일 실행할 3분 루틴	실행 시간
1			
2			
3			

아침 3분 긍정 기록으로
하루를 시작하라

우리는 우리가 행복해지려고 마음먹은 만큼 행복해질 수 있다.
우리를 행복하게 만드는 것은 우리를 둘러싼 환경이나 조건이
아니라 늘 긍정적으로 세상을 바라보며 아주 작은 것에서부터
행복을 찾아내는 우리 자신 생각이다.
행복해지고 싶으면 행복하다고 생각하라.

– 에이브러햄 링컨

앞에서 말한 3분 루틴과 함께 실행할 필수 요소 한 가지가 있다. 그것은 바로 '아침 긍정 기록'이다. 눈을 뜨고 아침을 여는 순간이 우리의 하루를 결정한다. 어떤 마음으로 아침을 맞이하느냐에 따

라 하루가 달라진다. 하루를 바꾸면 일주일이 바뀌고, 일주일을 바꾸면 한 달, 일 년이 바뀌게 된다. 아침에 긍정적인 에너지를 부어 넣는 것은 나의 미래를 바꾸는 매우 중요한 일이다.

긍정 기록으로 먼저 감사를 기록하자. '감사합니다', '고맙습니다'라는 짧은 문장을 기록하는 것만으로도 즉시 긍정적인 감정을 느끼게 된다. 우선 자신에게 감사함을 표하는 글을 적어 보자. <u>자신을 향한 감사는 강력한 힘을 가진다.</u>

《행운을 부르는 마법의 말의 비밀》의 저자이자 일본의 유명한 공학박사인 이츠카이치 츠요시는 자신의 인생을 극적으로 변화시킨 이야기를 책에 기록했다. 그가 이스라엘을 여행하던 중 잘 곳이 없는 상황에서 한 할머니가 아무런 대가 없이 츠요시를 자신 집에서 묵게 해 주었다. 그녀는 츠요시에게 인생을 바꿔줄 강력한 마법의 말을 알려주었는데, 그것은 바로 "감사합니다."와 "고맙습니다."였다. 이는 누구나 아는 너무나 평범한 말이다. 하지만 할머니는 두 가지 말에 숨겨진 비밀이 있다고 하며 이렇게 말했다.

"감사는 타인에게 말하면 그냥 평범한 말이지만, 자신에게 말하면 행운과 행복을 부르는 마법 같은 말이 되는 법이지."

할머니는 좋은 일이 생기면 '감사합니다.'라고 말하고 안 좋은 일이 생겼을 때는 '고맙습니다.'라고 말하라고 알려 주었다. 그리고 "절대로 다른 사람의 흉을 보면 안 되고 화를 내는 것은 운이 달아나게 한다."라고 말해 주었다.

할머니의 말을 듣고 감사를 실천한 츠요시는 삶의 모든 부분이 긍정적으로 바뀌기 시작했다. 츠요시는 자신이 감사를 통해 얻은 것들을 담아낸 책을 냈고 그의 책은 입소문으로만 150만 부 이상 팔리게 되었다. 아주 간단한 말이지만 감사의 말이 그에게 행운을 부르는 마법의 말이 된 것이다. 그의 책은 일본의 CEO, 스포츠 선수, 연예인과 같은 유명인들에게까지 큰 영향을 주었고 그는 현재 감사를 주제로 일본 전국을 돌아다니며 강연하고 있다.

자신에게 매일 감사하다고 말하고 어떤 상황에서도 감사하는 것은 마법의 말이다. 매일 아침 자신에게 정중한 태도로 감사를 표하면 긍정적인 감정과 생각으로 아침을 열게 된다.

로마 제국의 16대 황제 마르쿠스 아우렐리우스는 이런 말을 남겼다.

"아침에 일어나면 당신이 살아있고, 생각하고, 즐기고, 사랑할 수 있다는 것이 얼마나 큰 특권인지 생각해라."

그의 말은 앞에서 할머니가 말한 것처럼 항상 감사하라는 이야기다. 먼저 나에게 감사하는 마음을 기록해 보자.

나에게 감사한 것 3가지

1 _____

2 _____

3 _____

또 다른 긍정 기록은 '오늘의 긍정적인 모습을 예측 기록하는 것'이다. 우리는 10년 후를 절대로 예측할 수 없다. 인간은 예측할 수 없는 미래가 불확실하기에 항상 미래에 관한 불안함을 느끼고 산다. 하지만 오늘 하루 정도는 당신이 예측한 대로 만들 수 있다. 물론 100% 예측할 수는 없지만, 계획이 세워져 있다면 예측한 것 중 70~80%는 맞출 수 있다.

먼저 오늘 하루 당신이 맞이할 다양한 상황들을 생각해 보라. 부정적인 상황이 떠오른다면 긍정적인 모습으로 바꿔서 적어 보자. 예를 들어, '오늘 만나는 고객을 내가 잘 설득할 수 있을까?'라는 걱정이 떠오른다면 '오늘 나는 만나는 모든 고객을 설득해 계약을 체결했다.'와 같이 바꿔서 적으면 된다. 오늘의 모습을 긍정적으로 기록하며 하루를 시작하는 것은 좋은 감정을 당신의 하루에 불어 넣어 준다. 그리고 좋은 감정은 실제로 일이 잘 진행되도록 도와준다. 오늘 하루 예정된 상황을 떠올리고 그것을 내가 원하는 긍정의 모습으로 바꾸어 3가지만 적어 보자.

오늘 하루 내가 원하는 3가지 모습

1 _____

2 _____

3 _____

마지막으로 3년 후 목표를 생각하며 긍정 기록해 보자. 당신이 앞에서 기록한 목표가 이루어진 긍정적인 모습을 매일 기록하는 것이다. 매일 기록하면 목표는 자연스럽게 외워진다. 목표를 매일 상기시키는 일은 무의식을 움직이는 효과가 있다. 비행기가 목적지로 가면서 수백, 수천 번의 항로를 조정해 정확히 활주로에 착륙하는 것처럼 우리도 매일 목표를 적으며 내가 원하는 목적지를 향해 하루를 조정해 나가야 한다. 적다 보면 목표한 모습이 바뀌기도 한다. 목표 문장에서 단어가 마음에 들지 않으면 과감하게 바꿔도 된다. 목표를 수정하는 과정을 거치면서 진짜 내가 원하는 모습을 얻을 수 있다. 매일 아침 긍정 문장으로 3년 후 모습을 적는다면 매일 목표로 향하는 하루를 살게 된다.

3년 후 나의 긍정적인 모습

1 _____

2 _____

3 _____

중요한 3가지의
할 일을 정하라

중요한 일에 집중할 수 있는 능력이

바로 지능의 가장 결정적인 특징이다.

- 로버트 J. 실러

우리는 앞에서 3년 뒤의 목표를 딱 3가지만 정했다. 그 이유는 수많은 목표가 있어도 진정으로 원하는 중요한 목표에 집중하지 못하면 이루어지지 않기 때문이다.

우리는 자신의 중요한 목표 3가지에만 집중하는 삶을 살아야 한다. 미래의 목표를 3가지만 기록한 것처럼 오늘 하루에 해낼 일도 딱 3가지만 정해야 한다. 그리고 3가지 중요한 일은 어떤 일이 있어도 절대 미루지 않고 오늘 해내야 한다.

하루는 24시간 뿐이기에 처리할 수 있는 일의 양도 한정되어 있다. 그렇기에 당신은 매일 중요한 일에 시간을 써야 한다. 많은 일을 하는 것과 중요한 일을 하는 것은 전혀 다르다. 하루에 수십 개의 일을 했다는 것은 오히려 중요한 일을 하나도 못 했다는 말일 수도 있다. 중요하지 않은 일만 처리하며 하루 이틀 지내면 정신없이 많은 일을 해낸 것 같지만 뒤돌아보면 크게 한 것이 없는 경우가 많다.

일을 잘하는 사람은 많은 일을 하는 사람이 아니다. 진짜 중요한 일에 집중해 그것을 끝까지 해내고 결과를 만드는 사람이다. 사소한 일만 많이 하는 사람은 바쁘기만 하고 의미 있는 성과를 내지 못한다. 오히려 성과는 중요한 일 3가지를 매일 해내는 사람에게로 돌아간다.

미국의 34대 대통령이자 2차 대전 당시 연합군 최고 사령관이었던 드와이트 아이젠하워는 시간 관리의 대가로 정평이 나 있다. 그는 자신의 시간 관리 방법인 '시간 관리 매트릭스'라는 개념을 세상에 공개했다. 이것은 시간 관리를 위해 중요한 일을 뽑는 아주 유용한 도구이다. 시간 관리 매트릭스는 중요도와 긴급도 2가지 축을 놓고 총 4개의 면에 할 일을 작성하는 것이다. 4가지 항목은 다음과 같다.

1. 중요하고 급한 일
2. 중요하지만 급하지 않은 일
3. 중요하지 않고 급한 일
4. 중요하지 않고 급하지 않은 일

일을 처리할 때 위의 4가지 항목 중 어디에 가장 집중해야 할까? 혹시 중요하고 급한 일이라고 생각했는가? 틀렸다. 우리가 집중해야 할 것은 '중요하지만 급하지 않은 일'이다.

아이젠하워는 "중요한 일이 급한 경우는 거의 없다. 급한 일이 중요한 경우도 드물다."라고 말했다.

중요하고 급한 일은 자연스럽게 처리하게 된다. 언젠가는 끝내 버려야 하기에 강한 의지를 갖지 않아도 어떻게든 방법을 찾아 해결해 낸다. 이 항목은 가능하면 자신이 하는 것보다 위임하는 것이 좋다. 또 아이젠하워의 말처럼 급하고 중요한 일은 생각보다 그렇게 많지 않다. 급한 일들이 끝나면 '중요하지만 급하지 않은 일'에 우선순위를 두어야 한다. 하지만 사람들 대부분은 눈앞에 있는 '중요하지 않고 급한 일'을 먼저 처리하려 하는 경향을 보인다. 긴급해 보이기에 중요하다고 착각해 버리는 것이다. 그렇게 계속 급한 일만 다람쥐 쳇바퀴 돌듯이 처리하다가 하루가 끝난다. 이제 당신은 효과적으로 성과를 내기 위해 중요한 일에 집중하는 하루를 만들어야 한다.

다음 표에 당신이 해야 하는 일들을 채워 보자. 예를 들면, 우리가 앞에서 기록한 3분 루틴을 하는 것과 아침 긍정 기록은 중요하지만 급하지 않은 일에 속한다. 운동도 마찬가지다. 내일 아침에 부장님께 드려야 할 보고서를 작성하는 일은 중요하고 급한 일에 들어가야 하고, 유튜브를 보는 일은 중요하지 않고 급하지 않은 일에 들어간다. 각 항목당 3가지씩 당신의 할 일을 기록해 보자.

	중요하지만 급하지 않은 일	중요하고 급한 일
중요도	중요하지 않고 급하지 않은 일	중요하지 않고 급한 일
		긴급도

생산성 분야 전문가이자 베스트셀러 작가인 크리스 베일리는 자

신의 책 《그들이 어떻게 해내는지 나는 안다》에서 '3의 원칙The Rule of 3'을 이야기했다. '3의 원칙'은 말 그대로 '하루와 일주일 동안 집중할 3가지 할 일을 선정하는 것'이다.

그는 '아무리 일이 잘 안되는 날이라도 이 법칙을 쓰면 집중할 수 있고 더 나은 성취를 하는 데 도움을 줄 것.'이라고도 했다.

베일리는 3의 원칙이 자신이 실험했던 생산성 도구 중 가장 효과적이며 일상적인 삶과 업무의 모든 면에서 아주 긍정적인 효과를 보인다고 말했다.

매일 아침 단 3분만 투자해 3가지 중요한 일을 정해 보자. 당신의 시간 관리 매트릭스를 보며 '중요하지만 급하지 않은 일'에 있는 것 중 끌리는 3가지를 꼽아라. 아무거나 선택하더라도 다른 사분면에 있는 것보다는 훨씬 중요한 일일 것이다. 그것을 매일 처리해낸다면 하루를 훨씬 효율적으로 만들 수 있다. 중요한 3가지 할 일을 정했다면 눈에 띄게 만들어야 한다. 포스트잇에 크게 기록해 모니터 앞에 붙여 놓거나 휴대폰 화면에 적어 두는 것도 좋다. 당신이 선택한 중요한 3가지 할 일은 바쁘다고 잊어버리지 않도록 주의해야 한다.

현대의학의 아버지라 불리는 윌리엄 오슬러는 이런 말을 남겼다.

"내일을 위한 최선의 준비는 오늘의 일을 모두 마치는 것이다."
그의 말처럼 매일 중요한 일을 3가지 완수하며 1년을 산다면 1년 동안 1,000가지의 중요한 일을 해내게 된다. 일 년에 중요한 일을 1,000가지를 해내는 사람이 이 세상에 몇 명이나 있을 것 같은가? **매일 중요한 일 3가지를 해낸다면 당신은 0.1%의 사람이 된다. 0.1%의 삶을 매일 살아가다 보면 당신의 현실도 실제로 0.1%의 삶을 사는 사람이 되어 있다.** 하루에 단 3분의 시간만 있으면 된다. 중요한 3가지를 정하는 것이 시작이다. 중요한 3가지 일을 매일 해낸다면 당신의 꿈은 자연스럽게 실현된다. 당신의 목표가 현실이 되는 것은 시간문제일 뿐이다.

하루의 기록으로
매일 성장하라

기록은 세상을 바라보는 또 다른 관점이자

우리를 성장시키는 자산이 된다.

- 이승희

　기록은 나를 성장시키는 가장 유용한 도구이다. 기록이라는 행위를 반복적이고 꾸준히 하는 것만으로도 삶을 성장시킬 수 있고 우리의 행동도 변화시킬 수 있다. 실제로 기록은 체중 감량에도 효과가 있다는 사실을 당신은 아는가?

　미국의 건강연구센터인 카이저 퍼머넌트에서 음식 일지를 기록하는 것이 다이어트에 효과가 있는지에 관한 연구를 진행했다. 연구팀은 비만과 과체중인 남녀 약 1천 5백 명을 모집해 5개월 동안 다이어트 프로그램에 참여시켰다. 총 2개의 그룹으로 나눠 연구를 진행했는데 한 그룹은 먹은 음식의 양과 열량을 매일 음식 일지에 기록하도록 했고 다른 그룹은 음식 일지를 쓰지 않게 했다. 모든 참가자는 20주간 같은 시간의 운동을 진행하고 다이어트에 도움이 되는 음식으로 식단을 구성했다. 프로젝트가 끝난 후 참가자들의 체중을 측정해 보았는데 두 그룹에서 매우 큰 차이를 보였다. 우선 음식 일지를 일주일에 6번 이상 기록한 그룹은 평균 8kg을 감량했지만, 음식일지를 쓰지 않는 그룹은 평균 4kg밖에 감량하지 못했다. **단순히 먹은 음식에 대해 기록한 것만으로도 2배의 효과가 난 것이다.**

퍼머넌트 연구팀은 "자신이 섭취한 음식의 양을 기록하고 열량을 계산하는 행위가 스스로 책임감을 주게 된다. 그렇기에 음식일지를 쓰는 것이 체중 감량에 훨씬 도움이 되며, 음식 일지를 통해 먹는 것을 조절할 수 있다. 이번 연구를 통해 음식 일지가 2배의 효과가 있다는 것을 알게 되었다."라고 말했다.

우리나라 경희대병원에서도 기록과 체중 감량의 연관성에 관한 연구를 진행했다. 이상열 교수 연구팀은 체중 관리 애플리케이션을 이용하는 전 세계 사용자 3만 5천 명의 데이터를 분석해 보았다. 사용자 중에서 6개월 이상 꾸준히 입력한 사람들은 대부분 체중 감량에 효과를 보았다. 그리고 이들 중 23%는 기존 체중에서 10% 넘게 감량에 성공했다고 말했다. 가장 큰 효과를 본 23%의 사용자들은 다른 사용자들보다 자신의 체중과 섭취한 음식을 더욱 자주 입력했다. 그리고 이들은 다이어트 이후에도 꾸준히 체중을 유지하는 비율도 더 높았다.

기록은 자신 행동을 객관적으로 볼 수 있게 해 주는 도구이다. 기록해야 한다고 생각하면 자신도 모르게 의식하게 된다.

행동을 기록해야 한다고 생각하면 행동에 책임감이 생긴다. 기록한 것을 다시 돌아보면 어제의 나와 오늘의 내가 어떻게 달라졌는지 구체적으로 알 수 있다. 앞의 연구사례를 다시 한번 보자. 단순한 기록이 어떻게 2배의 차이를 끌어낼 수 있었던 것일까?

우선 기록하지 않은 그룹은 음식을 얼마나 먹었는지 정확하게 알 수 없었다. 그저 많이 먹었는지 혹은 적게 먹었는지 느낌만 있을 뿐이다. 그들은 어제 먹은 양과 오늘 먹은 양이 얼마나 다른지도 알 수 없다. 적게 먹었더라도 몇 %가 줄어들었는지 측정할 수도 없다. 기록을 하게 되면 내가 먹은 음식의 양과 열량을 정확한 수치로 볼 수 있다. 그러면 어제보다 얼마나 많이 먹었는지를 정확히 인지하게 된다. 그리고 음식의 열량을 기록하다 보면 어떤 음식의 열량이 높은지 알게 되어 자연스럽게 열량이 더 낮은 음식을 찾게 된다. 이처럼 기록은 자신 행동을 의식하게 해 준다. 기록은 어제와 오늘의 나를 비교할 수 있게 만들어 자기 이해를 높여준다.

나는 2017년 '데일리 리포트'라는 것을 알게 되었다. 데일리 리포트란 매일 내가 한 일을 시간 단위로 기록하고 시간을 얼마나 밀도 있게 썼는지 평가하는 시간 기록법이다. 이 방법은 내 인생을 변화시키는 데 엄청난 영향을 주었다. 데일리 리포트는 자기 계발 베스트셀러인 《완벽한 공부법》의 저자인 신영준 박사가 대학원 시절 자신의 시간을 관리를 위해 찾아낸 방법이다. 그는 자신의 책에서 데일리 리포트를 시작하게 된 이야기를 들려주었다.

신영준 박사는 싱가포르 국립대학 공학대학원을 다니던 시절 매일 연구 노트를 갖고 다니며 실험에 관한 아이디어나 결과를 기록했다. 어느 날 그는 연구 노트를 다시 살펴보았는데 이전에 진행한 실험 결과들은 적혀 있었지만, 정확히 무엇을 했는지가 적히지 않았다는 것을 발견했다. 연구 노트를 봐도 자신이 그날 어떤 행동을 했는지 도저히 알 수가 없었다. 현재 자신 모습을 봤을 때 이대로는 훌륭한 박사가 되기 힘들 것 같다는 생각이 들었고 그는 연구 노트를 작성하는 방법을 바꾸기 시작했다. 먼저 연구 노트 한 면에

줄을 그어 총 24칸으로 나누고 1부터 24까지의 숫자를 적었다. 그리고 매시간 무엇을 했는지 기록하기 시작했다. 한 번에 몰아서 적으니 정확히 기억이 나지 않아 2시간 단위로 노트를 펴서 한 일을 구체적으로 기록했다. 그리고 각 시간의 밀도를 good/so so/bad 3단계로 표시했다.

약 2주 정도를 꾸준히 기록하니 신 박사는 자신 행동에 숨겨진 새로운 2가지 사실을 발견했다. 그는 '직접 실험하지 않을 때는 몰입도가 낮다.'라는 것과, '실험 장비를 가동해 놓고 결과를 기다릴 때 주로 시간을 낭비한다.'라는 것을 알게 되었다.

그리고 하루 중에 4~5시간은 실험에 사용한다고 생각했는데 실제 집중도를 따져보니 1시간이 채 되지 않는 날도 있었다. 신 박사는 시간 기록을 통해 '시간을 어떻게 써야 효과적이고 어떤 부분을 수정해야 하는지'를 인지하게 되었다. 그리고 시간의 밀도를 기록하다 보니 bad나 so so보다는 good을 더 많이 쓰기 위해 의식적으로 시간을 사용하게 되었다.

신영준 박사는 체계적인 시간 관리를 통해 박사 논문을 쓰고도 남을 정도로 많은 실험 결과를 2년 만에 만들어 냈다. 해당 연구를 바탕으로 2년 동안 1저자 논문을 5개나 유명 저널에 게재하는 데 성공했다. 그리고 졸업 전까지 남은 시간을 활용해 후배와 다른 연구실의 연구를 도와주었다. 그가 도운 연구는 해당 연구소가 50억 원 이상의 연구 자금을 유치하는데 큰 역할을 했으며 후배들이 박사학위를 받는 데 큰 도움을 주었다. 신영준 박사의 철저한 시간 관리는 지금까지 이어져 현재 그는 유튜브 〈스터디언〉 채널을 통해 국내 자기 계발 영역에서 엄청난 영향을 주고 있다. 그가 사용한 시간 관리 방법인 데일리 리포트는 나를 포함해 많은 사람의 인생을 변화시켰다.

매시간 단위로 행동을 기록하는 것은 시간을 의식적으로 사용하게 해 준다. 기록은 성장하는 하루를 만드는 아주 효과적인 도구이다. 자신의 하루를 기록하는 것에는 3가지 효과가 있다.

첫 번째, 자신이 정확히 무엇을 했는지 알게 해 준다.
두 번째, 시간을 의식적으로 사용하도록 해 준다.
세 번째, 어제보다 더 나은 오늘을 살았는지 알게 해 준다.

신영준 박사는 "일단 적기 시작하면, 변화는 무조건 온다."라고 강력하게 이야기한다. 이 책을 읽고 이제 막 기록을 시작했다면 매시간 단위로 행동을 적는 것은 아직 어려울 수도 있다. 먼저 앞서 말한 **'오늘 가장 중요한 3가지 일을 기록하고 실행하는 것'부터 시**

작해 보자. 짧은 기록이 익숙해지면 매시간 단위로 자신의 하루를 기록해 보길 바란다. 완벽하지 않아도 괜찮으니 우선 펜을 들고 기록하자. 기록하면 당신의 하루는 무조건 바뀌게 된다. 당신의 하루를 '기록'으로 성장시키자!

하루의 기록을 따르면
마음이 편하다

행동 계획에는 위험과 대가가 따른다.
하지만 이는 나태하게 아무 행동도 취하지 않는 데에서 따르는
장기간의 위험과 대가에 비하면 훨씬 작다.

– 존 F. 케네디

　인간은 계획 세우는 것을 그다지 좋아하지 않는다. 그 이유는 자신이 세운 계획을 지키지 못했을 때 죄책감을 느끼기 때문이다. 존 F. 케네디의 명언처럼 행동 계획에 대한 위험과 대가가 바로 실패에 대한 죄책감이다. 하지만 두려움에 갇혀 계획을 세우지 않는다면 오히려 불안한 하루만 살게 된다. **두려움을 극복하고 계획을 기**

록하면 하루는 아주 생산적이고 편안하게 바뀐다.

한 심리학자 연구팀에서 공부 방법 개선을 원하는 학생들을 모집했다. 참가한 학생들에게 10주 동안 매일 학습 시간 계획을 새로운 공부 방법으로 세우도록 했다. 이 방법은 처음에는 학생들의 학습 시간을 늘려주었으나 시간이 지날수록 학습 시간이 줄어드는 결과를 보였다. 실험 마지막 주에는 학습 시간이 처음의 절반도 채 되지 않았다. 연구팀은 2가지 결과를 발표했다. 첫 번째는 계획을 세우는 과정에서 시간과 노력이 너무 많이 들어가 오히려 계획 세우기를 포기했다는 것이었다. 두 번째는 계획을 달성하지 못했을 때 자신에게 실망하게 되면서 오히려 공부 자체를 놓아 버리는 현상이 발생한 것이다. 결국 계획에 너무 많은 시간을 쓰고 계획을 달성하지 못한 자신에게 실망하면서 오히려 역효과가 나게 되었다. 두 번째 결과인 '계획대로 하지 못했을 때, 자신에 대한 실망감으로 의지를 상실하는 것'은 앞으로 우리가 계획을 세울 때 아주 중요한 포인트이다.

계획을 세우고 기록하라고 말하면서 왜 이러한 연구를 먼저 보여준 것일까? 그 이유는 당신이 무조건 겪게 될 과정이기 때문이다. 우리는 살면서 수많은 계획을 세운다. 계획한 대로 되는 일도 있겠지만 틀어지는 경우를 훨씬 더 많이 맞이한다. 보통 자신이 계획대로 실행하지 못했다는 것에 죄책감과 자괴감을 느끼게 되면 더 이상 계획을 세우지 않게 된다. 처음에는 편한 것 같지만 나중에는 계획이 없어 무기력해진다. 이것은 계획을 세웠을 때 가장 안 좋은 결과로 이어지는 과정이다.

먼저 당신은 계획한 대로 되지 않는 경우가 더 많다는 것을 인지해야 한다. 그리고 계획은 언제나 수정할 수 있다는 점을 명심해야 한다. 이것을 아는 것만으로도 계획이 틀어진 상황을 받아들이기 더욱 쉬워진다.

우선 계획을 세우기 전에 어떤 상황이든 받아들인다는 마음을 갖자. 자책은 하지 말고 자신을 돌아보고 개선하는 시간을 갖고 다시 도전하면 된다.

이 개념을 알고 나면 계획은 하루를 편안하게 만들어 주는 도구가 된다. 계획은 두 가지 측면에서 우리를 편안하게 만들어 준다. 먼저 인간은 본능적으로 불확실성을 매우 싫어하기에 새로운 것에 도전하지 않는 경향을 보인다. 만약 해야 할 일을 미리 기록해 두었다면 계획대로 실행만 하면 된다는 편안한 마음이 생긴다. 미리 계획을 세우는 것은 불확실성에서 느끼는 불안감을 없애준다. 전날 계획을 세우고 잠이 들면 아침에 눈을 떴을 때 당신의 뇌는 편안한 상태로 하루를 맞이한다. 두 번째로 계획은 경로를 알려 주는 역할을 한다. 계획이 명확하다면 내가 경로를 벗어났을 때 즉시 알아차릴 수 있다. 계획은 달리기 트랙의 라인과도 같다. 만약 라인이 없다면 아무리 직선 주로라도 경기 중 선수들끼리 부딪힐 가능성이 커진다. 선수 사이에 벽이 세워진 것도 아니고 그저 바닥에 라인만 그려져 있는 것이지만 그것이 선수들에게 그들이 가야 할 경로를 알려 주게 되는 것이다. 선수들은 라인을 의식하며 뛰는 것만으로도 경로를 벗어나지 않고 정확히 목적지로 골인할 수 있다. **계획은 침범 불가한 벽이 아니다. 계획은 목표에 가는 경로를 알려 주는 트랙의 라인과 같은 것이다.**

미국의 심리학자 E. J. 마시캄포는 시험이 얼마 남지 않은 학생들을 대상으로 한 가지 실험을 진행했다. 우선 학생을 두 그룹으로 나눈 뒤 첫 번째 그룹에는 시험에 대한 구체적인 계획을 세우게 했고, 두 번째 집단에는 아무런 언급을 하지 않았다. 그 후 학생들에게 빈칸이 있는 영어 단어를 보여 주며 빈칸을 채우도록 했다. 예를 들어, re___라는 단어가 제시되었을 때 red나 real과 같이 단어로 완성하는 것이다. 이 과정에서 두 집단은 완전히 다른 결과를 보였다. 첫 번째 그룹의 학생들은 rest나 reservation과 같이 시험과 연관되지 않은 단어를 적었지만, 두 번째 그룹은 read나 remember 등 시험과 공부에 연관된 단어를 적었다. 계획을 세우지 않은 두 번째 그룹은 무의식적으로 시험을 신경 쓰고 있었다. 그에 반해 구체적인 계획을 세운 첫 번째 그룹은 시험 계획을 세움으로써 다른 것에 집중할 수 있을 만큼 마음이 가벼워진 것이다. 연구 결과처럼 계획을 세우고 기록하는 것만으로도 마음이 편안해질 수 있다. 기록을 통해 무의식에 내가 세운 계획들이 전달되면서 자연스럽게 불안감이 감소하는 것이다. 그로 인해 심리적인 안정감을 느끼게 되고 남는 시간에 다른 일에 집중할 수 있게 된다.

먼저 당신이 내일 무엇을 할지 계획해 보자. 확실하게 정해진 일들부터 미리 기록하자. 그리고 하나의 일을 완료하는 데까지 걸리는 시간을 계산하고 시간을 부여하자. 가능하면 몇 시에 실행할지도 기록하는 것이 좋다.

잠들기 전 다음날을 계획하게 되면 뇌는 그것을 실행하기 위한 준비를 미리 시작한다. 계획을 세우고 인지하는 과정을 거치면서 실제 그 상황이 닥쳤을 때 안정감을 느끼고 맞이하게 되는 것이다. 할 일을 선택하기 어렵다면 '시간 관리 매트릭스'에서 적었던 중요하지만 긴급하지 않은 일에서 선택해도 좋다.

세계적인 동기부여 강사인 브라이언 트레이시는 "계획을 세우지 않는 것은 실패를 계획하는 것이다."라는 말을 남겼다. 계획을 세우는 행위는 실패를 벗어나기 위한 것이지 실패를 유도하는 행위가 아니다. 오히려 계획이 없는 것, 그 자체가 실패한 하루를 보내는 것이다. 내일을 행복한 하루로 만들고 싶다면 계획을 세워 보자. 먼저 **마음을 편하게 먹고 당신의 행복한 내일을 생각하며 기록해 보자. 계획을 기록하는 것은 당신의 마음을 더욱 편안하게 만들어 줄 것이다.**

실행도 기록으로
극대화하라

행동하는 사람 2%가

행동하지 않는 사람 98%를 지배한다.

- 지그 지글러

　계획만 세우고 '이것'을 하지 않으면 계획은 아무런 쓸모가 없는 망상일 뿐이다. 계획을 세워 놓은 것만으로는 끌어낼 수 있는 일이 하나도 없다. 계획은 목표 달성을 도와주는 도구이지만 계획만으로는 삶이 절대 바뀌지 않는다. 많은 성공한 사람들이 강조하는 것이 하나 있다. 그들은 똑똑하지도 않고 전문 지식이 없어도 '이것' 때문에 성공했다고 말한다.

이것은 바로 '실행'이다. 계획은 실행을 위한 준비 과정이다. 준비 과정을 마쳤다면 실행해야 목표가 이루어진다. 이처럼 중요한 실행이라는 기술을 인제야 다루는 이유는 당신이 제대로 실행할 준비를 마쳤기 때문이다. 아무런 계획이 없이 실행한다면 시행착오를 겪을 확률이 높다. 그리고 계획이 없으면 실행력은 금방 떨어져 안 한 것만도 못하게 된다.

미국 뉴욕대 심리학 교수인 피터 골 위처 박사는 학생들을 대상으로 계획을 기록하는 것이 실행력을 높이는지 간단한 실험을 진행했다. 먼저 학생들에게 크리스마스 연휴에 실행할 '가벼운 일, 한 가지와 어려운 일, 한 가지'를 정하게 했다. 이후 두 그룹으로 나눠 첫 번째 그룹은 '언제', '어디서' 그 계획을 실행할지 기록해서 제출하도록 했고, 두 번째 그룹은 별다른 주문을 하지 않았다. 크리스마스가 지나고 위처 박사는 학생들이 계획한 일을 얼마나 실행했는지 조사했다. 먼저 가벼운 일은 두 그룹 모두 80% 이상의 완수율을 보였다. 그러나 어려운 일에서는 완전히 다른 결과가 나타났다.

구체적일 때와 장소를 정한 첫 번째 그룹은 66%가 어려운 과제를 수행했지만, 두 번째 그룹은 단 25%의 학생만이 과제를 수행한 것이다. 결론적으로 실행 계획이 있는 학생들이 2.5배나 높은 수행 결과를 보였다.

쉬운 일은 큰 계획을 세우지 않아도 누구나 실행한다. 우리가 쉬운 일이라고 생각하는 것은 대부분 '중요하지 않고 급하지 않은 일'에 해당할 가능성이 크다. 취미 활동이나 방 청소 같은 것들이 여기에 해당한다. 어려운 일은 '중요하지만 급하지 않은 일'에 속할 가능성이 크다. 이것들은 급하지 않기에 강한 의지를 갖고 시작해야 완수할 수 있다. 계획과 기록이 학생들의 의지를 높인 것이다. **실행력을 높이기 위해서는 정확히 '언제', '어디서' 실행할지 기록해야 한다.** 어떤 일이든 갑자기 시작하려 하면 몸이 잘 움직여지지 않는다. **미리 기록해 두는 것은 무의식에 신호를 주는 역할을 한다.** 그러면 무의식은 수행하는 과정을 미리 머릿속으로 그리며 준비하게 된다.

매년 1월이면 언제나 헬스장이 가장 붐빈다. 연말에 다음 해의 목표를 세우며 '운동하기'라는 항목을 꼭 넣는다. 굳은 다짐을 하고 헬스장에 방문해 1년 회원권을 끊는다. 이번 여름에는 반드시 몸짱이 되어 해수욕장을 거닐 것이라 마음먹으며 이성들의 눈길을 받는 자신 모습을 상상한다. 처음 1주일은 매일 헬스장에 가서 열심히 운동한다. 하지만 2주차가 되면서 오랜만에 운동하니 무리하면 안 될 것 같아 며칠을 빠진다. 시간이 갈수록 헬스장에 가는 횟

수는 점차 줄어든다. 3월 정도 되면 헬스장은 잊어버리고 원래 모습으로 돌아간다. 잠깐, 이것은 당신만의 이야기가 아니니 너무 뜨끔할 필요 없다!

2015년 한국건강증진개발원에서 조사한 결과 10명 중 6명은 헬스장 회원권을 끊고 중간에 가지 않았다고 답했다. 그중 1개월 이내에 운동을 그만둔 비율은 무려 71%나 되었다.

만약 1개월 이내에 그만둔 71%의 사람 중에서 목표 사진을 붙이고, 월간 목표 체중을 기록하고 음식 일지를 썼더라면 대부분은 목표 달성에 성공했을 것이다. 운동을 꾸준히 하기 위해서는 매일 기록을 통해 나의 몸이 나아지고 있는지, 그리고 내가 노력하고 있다는 것을 인지하는 과정이 필요하다.

당신은 앞에서 이미 실행을 위한 준비 과정을 마쳤다. 당신은 실행을 위한 모든 도구를 갖고 있다. 책 앞부분에서 적었던 내용들을 다시 떠올려 보자. 당신은 3가지 목표와 3년 후 당신이 원하는 구체적인 모습을 갖고 있다. 매일 반복할 수 있는 루틴과 당신만의 긍정 문장도 있다.

이 책을 통해 당신이 기록한 것은 전쟁에서 이길 수 있는 핵무기를 갖는 것과 같다.

《실행의 힘》의 저자 그레그 S. 레이드는 "꿈을 날짜와 함께 적어 놓으면 그것은 목표가 되고, 목표를 잘게 나누면 그것은 계획이 되며, 그 계획을 실행에 옮기면 꿈은 실현되는 것이다."라고 말했다. 우리는 이제 실행만 하면 된다.

그렇다면 실행은 언제부터 하는 것이 가장 좋을까?
성공학의 거장 나폴레온 힐은 "열망을 실현하기 위해 명확한 계획을 세우고 즉시 시작하라. 준비가 됐건 아니건, 이 계획을 실행에 옮겨라."라고 이야기했다.

실행은 언제나 즉시 해야 한다. 헬스장 예시를 다시 한번 살펴보자. 1월에 시작한 사람들이 실패한 원인은 즉시 시작하지 않고 미뤘기 때문이다. 1월 1일이라는 시점이 새로운 시작처럼 느껴지지만, 그저 똑같은 하루일 뿐이다. 실제로 몇 달 동안 미루다가 운동을 시작했을 가능성이 크다. 그 사람은 작년 여름 바닷가에서 몸 좋은 친구를 부러워하며 '나도 운동해서 저렇게 돼야지!'라고 생각했을 것이다. 몇 달간 미루다가 새해가 되었으니 운동을 한번 해보자는 식으로 시작한다. 하지만 이미 몇 달을 미뤄온 관성이 있기에 시작해도 다시 미루는 습관으로 금방 돌아가 버리게 되는 것이다. 항상 모든 실행은 '지금, 당장, 즉시'하는 것이 가장 중요하다.

나는 올해를 작년 11월 말에 시작했다. '그게 무슨 뚱딴지같은 말이냐?'라는 생각이 들었을 것이다. 나는 신년 계획을 1월이 되기 최소 1~2개월 전부터 세운다. 그리고 계획을 세운 순간부터 그것을 실행해 나간다. 나에게는 1월 1일이 시작일이 아니라 계획을 세우는 그날부터 시작이다.

이렇게 하면 남들은 1년, 365일을 살 때 나는 1년을 400일로 활용할 수 있다. 남들보다 한 달이나 일찍 시작했으니 1월 1일이 되었을 때는 목표로 향한 습관이 갖춰져 있다. 또한 한 달 정도 실행하면 계획의 문제점과 수정사항을 알게 된다. 그렇게 1월을 맞이하며 한번 수정한 계획을 갖고 시작하기에 목표 달성률은 훨씬 더 높아진다. 나는 이 방법을 매년 사용해 목표 달성률을 높인다. 대부분 계획은 90% 정도 기간이 지나면 결과가 나온다. 실패한 것은 차라리 한 달이라도 빨리 수정하고 새로운 목표를 세워 달려 나가는 것이 더욱더 효과적이다.

《실행이 답이다》의 저자 이민규 교수는 책에서 "삶에서 가장 파괴적인 단어는 '나중'이고, 인생에서 가장 생산적인 단어는 '지금'이다. 힘들고 불행하게 사는 사람들은 "내일 하겠다"고 말하는 반면, 성공하고 행복한 사람들은 "지금 한다"고 말한다. 그러므로

'내일'과 '나중'은 패자들의 단어이고 '오늘'과 '지금'은 승자들의 단어이다."라고 말했다.

당신은 3년 후 목표를 이뤄 당신이 원하는 모습을 살아갈 사람이다. 행복한 모습을 만들고 싶다면 지금 당장 실행하자.

P.S. 실행력을 더 높이고 싶다면 이민규 교수의 《실행이 답이다》라는 책을 한번 읽어 보길 강력히 추천한다.

당신만의 덩어리 시간을 만들어라

가장 희소한 자원은
돈이 아니라 시간이다.

- 피터 드러커

 '중요하지만 급하지 않은 일'을 찾아내고 그것을 실행하는 것은 시간을 관리해 목표를 달성하는 가장 효과적인 방법이다. 하지만 급하지 않은 일에 집중하기란 여간 쉽지 않다. 중요하지만 급하지 않은 일에 집중하기 위해서는 '덩어리 시간'이 필요하다. 덩어리 시간이란 최소 2시간 이상 한 가지에 집중하는 시간을 말한다. 중요한 일은 짧은 시간으로 해낼 수 있는 것이 거의 없다. 대부분 깊

게 생각해야 하고 시행착오의 시간도 필요하다. 그렇기에 **중요한 일을 처리하기 위해서는 최소 2시간 이상의 덩어리 시간 확보가 중요하다.** 예를 들어 2시간 동안 책상에 앉아 보고서를 작성하는 것과 같은 시간 동안 3~4명의 고객과 통화를 하면서 보고서를 작성하는 것 중 어느 것이 더 생산적일 것 같은가? 당연히 전자이다. 보고서 작성은 집중력을 갖고 실행해야 효율적인 업무이기에 덩어리 시간이 필요하다.

현대 경영학의 창시자인 미국의 경영학자 피터 드러커는 시간 관리의 중요성을 매우 강조한다. 피터 드러커는 우리를 보고 '지식근로자'라고 지칭했다. 미래에 일하는 사람들은 대부분 육체를 이용해 일하는 것이 아닌 '머리를 사용해 정보를 스스로 해석하고 부가가치를 창출해 내는 사람'이라는 것이다.

피터 드러커는 "지식근로자는 주체적으로 일해야 하기에 자신이 시간 관리를 할 수 있어야 한다."라고 말했다.

그는 3가지의 간단하고도 효과적인 시간 관리 원칙을 제시했다.
첫 번째 원칙: 시간을 기록하라.
두 번째 원칙: 기록한 시간을 들여다보며 시간을 관리하라.
세 번째 원칙: 시간을 통합하라.
첫 번째와 두 번째 원칙은 우리가 앞에서 자주 다뤘던 것들이다.

시간 단위로 실행한 것을 기록하고 몰입도를 조사하는 데일리 리포트를 쓰는 것이 앞의 2가지 원칙에 해당한다. 나는 여기까지 책을 읽으신 분이라면 충분히 할 수 있고 그만한 의지를 갖고 있다고 생각한다.

세 번째 원칙은 덩어리 시간을 말하는 것이다. 드러커는《자기 경영 노트》에서 90분 정도의 시간을 만들어서 일하는 것이 좋다고 말했다. 그리고 "성과를 내는 최고 경영자들은 아침에 출근 전 전화도 연결되지 않는 방에서 90분 먼저 업무를 한다."라고 말했다.

드러커는 수많은 회사와 기관들의 경영 컨설팅을 맡고 있었다. 그중 한 은행장은 다른 회사와 다르게 한 달에 딱 한 번씩만 미팅했고 시간은 무조건 90분으로 진행했다. 그 시간 동안 은행장은 온전히 드러커와의 대화에만 집중했고 업무 전화도 오지 않았다. 은행장은 매주 미팅하는 다른 회사들보다 훨씬 더 효과적으로 컨설팅 내용을 내부에 적용했다. 그리고 빠르게 변화해 나갔다.

드러커는 남들보다 뛰어난 성과를 내는 은행장에게 물었다. "왜 정확히 90분만 진행하나요?"

그러자 은행장은 "제 집중력의 한계가 딱 90분입니다. 30분 이하로 하게 되면 상대방의 의도를 정확하게 파악하지 못하고 90분이 넘어가면 집중력이 떨어져 그 사람에게 도움을 주지 못하게 됩니다. 그래서 저는 딱 90분만 진행합니다."라고 말했다.

그는 자신에 대해서 너무 잘 알고 있었고 그것을 누구보다 잘 활용하고 있었다.

드러커는 두 번째 질문을 던졌다. "어떻게 그 시간 동안 아무런 전화가 오지 않나요?"

그러자 은행장은 "비서에게 미국 대통령과 아내 이외에는 외부 전화를 연결하지 말라고 했습니다. 미국 대통령은 저에게 전화할 일이 없고 아내는 누구보다 저를 잘 알기 때문에 이 시간에 전화하지 않습니다."라고 말했다.

그는 **자신의 주변을 완벽하게 통제하면서 중요한 일에 집중할 수 있는 덩어리 시간을 만들어 사용한 것**이다.

뛰어난 성과를 냈던 은행장은 자신에게 알맞은 덩어리 시간을 찾고 그것을 최대한 활용했다. 보통 비용을 지급하는 컨설팅에서는 10분이라도 더 미팅하려 한다. 하지만 그는 자신이 집중할 수 있는 시간인 90분만을 최대한 효과적으로 사용했다. 컨설팅은 보통 급하지는 않지만 중요한 업무이다. 그는 자신에 덩어리 시간에 중요한 업무를 넣어 남들보다 더 큰 성과를 냈다.

나에게는 크게 2가지 타입의 덩어리 시간이 있다. 첫 번째는 매일 맞이하는 새벽의 덩어리 시간이고 두 번째는 한 달에 2~3번 정도 확보하는 '큰 덩어리 시간'이다. 낮에는 덩어리 시간을 만들기가 쉽지 않다. 업무 시간은 팀원들과 미팅하고 업체와의 통화로 시간을 쓴다. 저녁 시간은 약속이나 교육이 있는 날이 많아 매일 규칙적으로 덩어리 시간을 만들기 힘들다. 하지만 하루 중에 아무도 방해하지 못하는 시간이 있다. 바로 새벽 시간이다.

나는 다른 시간보다 이 새벽 시간을 활용한다. 보통 새벽 4~5시에 일어난다. (독한 놈이라 생각하지 말자. 일어나서 명상한답시고 1시간씩 더 자는 인간적인 모습도 갖추고 있으니 말이다.) 기상 후 8시까지는 온전히 나의 시간이다. 최소 3시간은 몰입해서 집중하는 시간으로 사용한다. 새벽 덩어리 시간의 효율은 다른 어떤 시간대보다 높으며 성과를 만드는 가장 중요한 시간이다.

새벽이 중요한 이유는 크게 2가지이다. 먼저 새벽에는 중요한 연락이 올 일이 없다. 스마트폰이 눈에 보이는 것만으로도 우리의 집중력은 떨어진다. 그래서 나는 새벽에 일어나면 스마트폰은 멀리 두고 책상에 앉는다.

두 번째는 새벽에 일어나서 시간을 낭비하면 자괴감이 크게 든다. 예를 들어 무의미하게 유튜브를 보다가 '내가 이러려고 새벽에 일어난 건가?'라는 생각이 들면 의식적으로 당장 행동을 바꾸게 된다. 새벽 시간은 정말 마법 같은 시간이다. 머리도 가장 맑고, 방

해꾼도 없다. 새벽 시간이 효과적이라는 것은 과학적으로도 많이 입증되어 있고 세계에서 성공한 많은 사람도 새벽 기상을 한다.

두 번째로 주말은 '큰 덩어리 시간'을 만들기에 가장 좋은 시간이다. 물론 다양한 약속을 통제해야 한다. 그것만 차단한다면 주말은 온전히 덩어리 시간으로 쓸 수 있다. 나는 한 달에 2~3회 정도의 큰 덩어리 시간을 확보하고 그중 하나의 덩어리 시간은 최소 8시간 이상으로 만든다. 보통 오전에 시작해 저녁까지 시간을 사용한다. 그리고 그 시간을 4시간씩 둘로 나눠 활용한다. 이때는 정말 깊게 생각해야 하는 일이나 책 한 권을 집중해서 읽는 것과 같이 평소에는 시간을 나눠서 해야 했던 행동들을 한 덩어리로 모아서 진행한다. 그러면 평소에 했던 생각들이 뭉쳐져 더 좋은 생각이 떠오르고 몰입도도 매우 높아진다.

당신의 삶에 당신만의 덩어리 시간을 만들어라. 덩어리 시간은 그 어떤 시간보다 몰입도를 높일 수 있는 시간이다. 드러커는 "측정할 수 있어야 관리할 수 있다."라고 말했다. **덩어리 시간을 만들고 시간 몰입도를 지속해서 측정하면 당신은 시간 관리의 달인이 된다.** 덩어리 시간을 확보하고 기록으로 시간을 관리하자!

한 시간을
3개로 쪼개어 활용하라

거리낌 없이 한 시간을 낭비하는 사람은
아직 삶의 가치를 발견하지 못한 사람이다.
– 찰스 다윈

　우리의 주의 집중 시간은 금붕어보다 더 뛰어날까? 마이크로소프트 캐나다 연구팀은 인간의 '주의 지속 시간'을 연구했다. 주의 지속 시간이란 '인간이 한 사물에 집중할 수 있는 평균 시간'이다. 2000년에 인간의 주의 집중 시간은 12초였다. 그런데 2013년에는 8초로 줄어들었다. 지금은 아마 더 줄었을 것이다. 이는 집중력이 낮다고 무시하는 금붕어의 집중 시간인 9초보다 1초 적은 수치

이다. 이제 인간은 금붕어를 무시하면 안 된다. 주의 지속 시간이 낮아진 것은 스마트폰이 나오고 더욱 자극적인 소재들을 지속해서 보게 되면서 뇌가 더 많은 자극을 원하기 때문이라고 연구팀은 말했다.

최근 유튜브나 인스타그램도 쇼츠나 릴스처럼 길이가 짧은 콘텐츠를 더 적극적으로 노출하고 있다. 나도 이것에 시간을 뺏긴 적이 한두 번이 아니다. 짧은 콘텐츠를 노출하는 이유가 무엇이겠는가? 이제 사람들은 콘텐츠에 오랫동안 집중하지 못하고 흥미를 느끼지 못하기 때문이다. 우리는 이렇게 주의를 끌어 시간을 뺏어가는 환경에서 벗어나야 한다. 덩어리 시간을 만들어서 관리하는 이유도 이것 때문이다. 그나마 다행인 점은 집중력은 우리가 의식적으로 훈련한다면 키워 나갈 수 있다는 것이다.

플로리다 주립대 심리학과 교수인 앤더스 에릭슨은 '1만 시간의 법칙'의 개념을 처음으로 세상에 알린 사람이다. 그의 연구에 의하면 일반적인 사람이 하루 동안 집중할 수 있는 시간은 1시간 정도라고 한다. 숙달된 전문가라면 최대 4시간까지도 가능하지만, 그 이상의 몰입 상태를 유지하기는 어렵다고 말했다. 사람마다 집중할 수 있는 시간은 다르다. 이전 장의 은행장처럼 자신이 집중할 수 있는 가장 효과적인 시간을 명확하게 파악해야 한다.

집중 시간을 처음 만들어 본다면 내가 사용한 방법을 따라 해 보길 추천한다. 나는 1시간을 3개로 쪼개 20분이라는 짧은 집중 시간을 반복한다. 구체적인 방법은 다음과 같다. 우선 스마트폰의 비행기 모드를 켠다. 중요하지 않은 전화가 와서 나의 집중력을 깨트리는 것을 막기 위해서이다. (처음에는 스마트폰과 떨어지는 것이 불안할 수도 있지만 생각보다 중요한 연락은 자주 오지 않는다. 다시 스마트폰을 켰을 때 아무 연락도 없으면 오히려 공허하고 외로운 느낌이 들 수도 있으니 주의하자.)

이후 노트에 칸을 나눠 확보한 시간을 적고 1시간을 3개의 칸으로 나눈다. 그런 후 타이머를 20분으로 설정한다(개별 타이머 기기 또는 스마트워치를 추천한다. 스마트폰의 타이머는 쓰지 말길) 타이머를 시작한 순간부터 중요한 일을 시작한다. 20분이 지나면 다시 '반복'을 눌려 20분 타이머를 재시작한다. 그리고 이전 20분을 어떻게 썼는지 노트에 ○, △, ×로 표시한 후 다시 몰입한다. 그렇게 20분마다 몰입도를 표시하며 기록하는 것을 반복한다.

20분은 긴 시간이 아니기에 처음 하는 사람도 집중하기 쉽다. 한 시간을 3개로 나누면 좋은 점이 2가지 있다. 먼저 딴짓하다가도 알람이 울리면 다시 중요한 일에 집중할 수 있게 된다. 만약 책을 읽다가 졸더라도 타이머가 울리면 자연스럽게 잠이 깨고 다시 새로운 기분으로 책에 집중할 수 있다. 아인슈타인이 낮잠을 짧게

잔 것처럼 짧은 잠은 이후 시간의 집중에 엄청난 도움을 준다. 두 번째는 몰입이 잘 되었을 때마다 반복적으로 얻는 기쁨이다. 가끔 '벌써 20분이 지났다고? 와, 나 제대로 집중했구나!'라는 생각이 들면 뿌듯해진다. 그러면 다음 20분도 기분 좋은 감정으로 집중하게 된다.

종종 3시간 정도의 덩어리 시간을 사용하다 보면 반복 버튼을 4~5번밖에 안 누른 것 같은데 3시간이 훌쩍 지나 버린 경우도 생긴다. 깊게 집중했기에 내가 반복으로 타이머를 누른 행동은 무의식에서 처리해버린 것이다. **당신의 1시간도 3개로 쪼개서 사용해 보라. 1시간의 효율을 극대화할 수 있을 것이다.**

또 하나의 시간 관리 기법은 1980년대에 프란체스코 시릴로가 제시한 뽀모도로 기법 Pomodoro Technique이다. 우선 이 방법은 사람의 집중력이 30분 이내라는 것에서 착안했다. 방법을 간단히 알아 보자. 먼저 25분 동안의 집중 시간 후 5분의 휴식 시간을 갖는다. 이것을 4번 반복하면 2시간이 된다. 짧은 시간에 집중하고 짧은 휴식 시간을 갖는 것이다.

시간 관리 타이머로 스마트폰은 적합하지 않다. 이전에도 말했듯이 스마트폰은 보이는 곳에 있기만 해도 집중력을 떨어트린다.

알람을 끌 때 스마트폰에 온 알림 메시지를 보게 되면 그대로 집중력이 깨져 버린다. 내가 스마트폰이 아닌 스마트워치를 사용하는 이유도 바로 이 때문이다.

뽀모도로 타이머라고 검색하면 '구글 타이머'라고도 알려진 시계가 나온다. 구글에서는 회의나 업무를 할 때 타이머를 많이 쓴다고 한다. 이 시계는 직관적으로 시간이 얼마나 남았는지를 보여주고 시간 설정을 간편하게 할 수 있어 굉장히 유용하다. 어떤 도구를 쓰든 상관없지만, 집중 시간에는 스마트폰과 최대한 멀어지도록 하자.

한 가지 일을 멈췄다가 다시 일에 집중하기 위해서는 평균 23분이 소요된다는 연구 결과가 있다. 여러 가지 일을 스위칭하면 바쁜 사람처럼 보이지만 수박 겉핥기 식으로 업무를 처리하고 있을 가능성이 크다. 덩어리 시간을 만들고 관리해야 하는 이유는 우리가 중요한 일에 집중해야 하기 때문이다. 집중 시간은 연습을 통해서 키울 수 있다. 덩어리 시간을 만들고 시간을 20분 단위로 기록해 관리하는 연습을 해 보자. 1시간을 집중할 수 있게 되면 2~3시간을 관리할 수 있게 되고, 그 시간을 통해 수많은 일을 해낼 수 있게 된다. **시간도 목표처럼 쪼개서 효율성을 극대화하자.**

하루의 주인은
바로 당신이다

오늘 하루를 헛되이 보냈다면 그것은 커다란 손실이다.
하루를 유익하게 보낸 사람은 하루의 보물을 파낸 것이다.

- 앙리 프레데릭 아미엘

이제 당신은 모든 준비를 끝냈다. 여기까지 온 당신은 엄청난 무기를 갖고 있다. 이제 무기를 사용할 때가 왔다. 당신은 앞으로 맞이하는 수많은 시간을 당신의 것으로 만들 수 있다. 당신은 어제 어떤 시간을 보냈는가? 당신의 어제는 오늘을 만들었고 오늘은 내일에 영향을 미친다.

오늘 하루를 당신의 것으로 만든다면 1년 후 지금보다 성장한 모습으로 무조건 바뀌어 있을 것이다.

시간은 모두에게 공평하다. 모든 사람에게 주어진 하루는 24시간 1,440분이다. 시간은 우리에게도, 세계적인 성공한 사람들에게도 동일하게 주어졌다. 이것은 누구도 부정할 수 없는 사실이다. 많은 사람이 시간이 부족하다고 불평한다. 그런데 막상 시간이 주어지면 어떻게 쓸지 전혀 모른다. 그리고 시간을 낭비해 버린다. 그 이유는 아무런 준비가 되어 있지 않기 때문이다.

당신은 이제 종이와 펜만 있으면 모든 시간을 활용할 수 있다. 3분의 감사 기록을 통해 삶에 감사를 채울 수도 있고, 오늘 내가 한 행동을 시간 단위로 기록하여 관리할 수도 있다. 30분이 있다면 하루에 중요한 일 3가지 중 하나를 선택해 기획할 수 있고, 3시간이 생긴다면 덩어리 시간을 관리해 '중요하지만 급하지 않은 일'을 처리하면 된다. 이제 당신은 어떤 시간이 주어지든 활용할 수 있게 되었다. 지금까지 당신은 시간이 부족했던 것이 아니라 시간을 활용할 도구가 없었던 것이다.

미국 건국의 아버지 벤저민 프랭클린은 "시간은 돈이다(Time is money)."라고 말했다. 시간이 지나 '돈'이라는 단어는 '금'으로 바뀌었고 우리가 잘 아는 "시간은 금이다."라는 말이 나오게 되었다. 많은 사람은 돈이 없다고 불평한다. 하지만 자신이 갖는 돈보다 더욱 귀중한 자산인 '시간'에 대해서는 크게 인지하지 않고 살아간다. 시간은 내가 어떻게 사용하느냐에 따라 가치가 엄청나게 달라진다. 지금 당신에게 주어진 1시간을 어떻게 쓰느냐에 미래의 소득이 바뀐다. 지금 당신에게 주어진 30분을 어떻게 쓰느냐에 따라 건강 상태가 바뀌고 만나는 사람이 바뀌게 된다. 시간은 그 무엇보다 귀중하게 생각해야 하고 시간을 어떻게 의미 있게 쓸지를 항상 의식적으로 생각해야 한다.

하루의 시간을 의미 있게 쓴다는 것은 곧 내가 하루의 주인이 되는 것이다. 시간의 주인이 되어 살아갈지 말지는 당신이 선택할 수 있다. 당신의 손에 무엇이 들려있는지가 어떤 인생을 살고 있는지를 정의하는 기준이 된다. 지금 손에 책과 펜을 들고 있는 사람과 스마트폰을 들고 게임을 하는 사람, 둘 중에 누가 더 나은 삶을 살게 될까? 당연히 전자의 사람이 성장할 가능성이 월등히 크다. 당신의 손에 펜과 책, 혹은 노트가 들려 있다면 당신은 그 순간을 통제하는 주인으로 사는 것이다. 하지만 스마트폰을 들고 있다면 그 사람은 자극적인 것에게 끌려다니며 시간을 허비하는 콘텐츠의 노예가 된다.

하루를 주인으로 사는 방법은 '행복한 시간'으로 하루를 가득 채우는 것이다. 생산성 있는 시간만 써야 한다는 강박에 갇히지 않길 바란다. 하루 동안 내가 진정으로 행복했다면 주인이 되는 삶을 산 것이다. 그 안에서 당신은 단순한 즐거움과 행복한 시간을 구분할 수 있어야 한다. 즐겁기만 한 시간은 공허함을 가져온다. 하지만 행복한 시간을 보내면 하루를 마치고 혼자 누웠을 때, '오늘 정말 행복했어, 나는 행복한 사람이야.'라는 풍족한 느낌이 든다.

스탠퍼드 대학교수인 제니퍼 아커 박사는 "돈이 당신을 행복하게 만들지 않는다면, 당신의 시간을 다시 바라보라(If Money Doesn't Make You Happy, Consider Time)"라는 논문을 썼다.

그녀는 논문에서 많은 사람이 돈을 쓸 때 '경험보다는 물건을, 타인보다는 자신에게, 작은 즐거움보다는 큰 사치'에 돈을 쓴다고 말한다. 아커 박사는 이것이 행복에 크게 도움이 되지 않는 소비라고 말한다. 물론 돈도 행복에 많은 영향을 미치지만, 진정으로 행복해지기 위해서는 시간도 돈처럼 초점을 맞춰 바라봐야 한다. 그녀는 행복을 극대화하기 위한 5가지 원칙을 제시했다.

첫 번째, 당신의 시간을 좋은 사람들과 함께 보내라.

두 번째, 당신의 시간을 가치 있는 활동에 사용하라.

세 번째, 시간을 들이지 않고 즐거운 상황을 경험하라(즐거운 상상을 하라).

네 번째, 시간을 넓혀라(여유로운 시간을 가져라).
다섯 번째, 행복은 나이 듦에 따라 변한다는 사실을 인식하라.

그녀가 제시한 5가지 원칙은 모두 '자신'에게 초점이 맞춰져 있다. 제시된 원칙들을 질문으로 바꿔 보면 아래와 같다.

첫 번째, 내가 좋아하는 사람은 누구인가?
두 번째, 내가 가치 있다고 생각하는 활동은 무엇인가?
세 번째, 내가 즐거운 상황은 언제인가?
네 번째, 나는 언제 여유로운가?
다섯 번째, 현재 내 나이에는 어떤 것이 행복을 줄 수 있는가?

이런 질문들은 시간을 쓸 때 먼저 자신에게 초점을 맞추고 계획하도록 도와준다. 결국 시간을 어떻게 쓸 것인지 정하고 나에게 초점이 맞춰진 시간인지 점검하는 것이 당신을 행복하게 만들어 주는 것이다. 지금 자신에게 질문을 던져 보자. 그리고 마음의 소리를 기록하고 행동해 보자. 그 시간이 정말 행복했다면 행복한 시간을 늘려서 하루를 채워 보자. 행복함으로 가득 찬 하루를 사는 당신은 진정한 하루의 주인이다. 당신은 하루의 주인이다. 이제 기록으로 하루를 지배하는 사람이 되어 미래를 바꿔 보자.

4장

기록은 **나를 사랑**하는 가장 쉬운 방법

자신과 대화하는
3분의 기록 시간을 만들어라

말하는 것처럼
쓰라.

– 볼테르

　사람은 태어날 때, 하나의 독립된 생명체가 된다. 아이가 엄마 배 속에 있을 때는 엄마의 죽음이 아이의 죽음으로 이어질 확률이 굉장히 높다. 하지만 세상에 나온 후에는 독립된 존재가 된다. 결국 혼자의 몸이 되어 세상을 맞이하게 되는 것이다. 살아가다 보면 남들과 함께하는 시간보다 혼자 있는 시간이 훨씬 많다.

그렇기에 **당신이 혼자만의 시간을 어떻게 쓰느냐에 따라 삶의 행복도가 달라지고 당신의 미래도 달라진다.** 하지만 주변을 살펴보았을 때 혼자만의 시간을 제대로 사용할 줄 아는 사람은 그렇게 많지 않다.

예를 하나 들어 보자. 당신은 친구가 약속에서 늦었을 때 어떻게 반응하는가? 만약 짜증을 낸다면 그 이유는 무엇인가? 나는 친구가 약속에 늦어도 굳이 스트레스를 받지 않는다. 왜냐하면 시간을 활용할 도구들이 넘치기 때문이다. 오히려 짧은 30분의 시간이 생기는 것이 더 좋을 때도 있다. 계획에는 없던 나만의 시간이 새롭게 생겼기 때문이다.

이런 경우, 나는 앉을 수 있는 곳을 찾은 뒤 친구에게 정확한 위치를 보내고 휴대폰을 가방에 넣어 버린다. 그리고 혼자만의 시간으로 들어간다. 책을 읽거나 다이어리에 떠오르는 생각을 기록하기도 한다. 짧더라도 혼자만의 시간을 보내고 나면 자연스레 기분이 좋아진다. 친구는 늦어서 미안해하지만 나는 기분 좋게 친구를 맞이한다. 그러면 친구와 보내는 시간도 더 즐거운 시간이다. 친구에게는 너그럽게 대해서 플러스 점수를 받고, 나에게는 자신을 위한 의미 있는 시간을 써서 한 번 더 플러스가 되는 것이다.

혼자만의 시간을 활용할 줄 알면 예상치 못한 상황도 쉽게 받아들일 수 있게 된다. 특히 부정적인 상황을 앞에 두고 자신과 대화하는 시간을 가질 수 있다면 상황을 다른 시각에서 볼 수 있게 된다. 이번 장에서 우리는 기록이라는 도구를 통해 자신과 대화하는 법, 자신을 사랑하는 법에 대해 한번 알아볼 것이다.

당신은 하루에 얼마나 많은 대화를 하는가? 그리고 주로 누구와 대화하는가? 아침에 가족들과의 대화, 일하며 동료들과 나누는 대화, 친구와의 대화 등 생각보다 많은 시간을 대화에 사용한다. 대화라는 행위는 사람의 인생에서 아주 중요하다. 고대 그리스의 철학자 아리스토텔레스는 "인간은 사회적 동물이다."라고 말했다. 그의 말처럼 우리는 대화를 통해 타인과 상호 작용을 해야 하는 존재다. 대화하다 보면 유대 관계가 생기고 그 안에서 연애나 동업 등 다양한 관계가 생겨난다. 사람 사이의 모든 것은 대화가 통해야 이루어질 수 있다. 대화는 많은 문제를 원만하게 해결해 주며 인간관계 향상에도 도움을 준다.

우리는 주로 대화를 다른 대상과 하는 것으로 생각하고 고민이 있을 때 타인을 찾는다. 타인과의 대화를 통해서 고민을 해소하려 하는 것이다. 실제로 만나서 대화하면 속이 후련해지는 것 같다. 하지만 집에 오면 뭔가 허무한 감정이 든다. 그럴 때는 서로에게 '감정 쓰레기통'이 된 경우이다. 감정 쓰레기통이란 자신의 감정을 배설하는 도구로 타인을 사용하는 것을 뜻한다. 내가 그런 의도를 갖고 그 사람을 만난 것처럼 상대방도 내가 자신 배설물을 받아주길 바라는 마음으로 나온 것이다. 내 것들을 다 던지고 온 줄 알았지만, 타인의 부정적인 감정들이 나에게 더 많이 쌓인 채 돌아올 수도 있다.

자신과 대화를 할 수 있는 사람은 타인에게 의존하지 않는다. 자신과의 대화는 어떻게 하는 것이 좋을까? 다양한 방법이 있지만 기록하는 것이 가장 좋다. 딱 3분간 자신과 대화하듯 적어 보는 것이다. 명상과 기도와 같은 도구는 외부의 상황들이 통제되어야 하므로 공간의 제약을 받게 된다. (만약 시끄러운 곳에서 명상하고 싶다면 긴 수련의 기간이 필요할 것이다.) 하지만 나와 대화하듯 기록하는 것은 지하철 안이나 카페에서도 언제나 할 수 있다. 그저 종이와 펜만 있으면 된다. 별도로 정해진 틀도 없다. 그저 자신 앞에 나와 똑같은 사람이 한 명 더 앉아 있다고 생각하며 그 사람과 글로 대화한다고 생각하면 된다.

먼저 스스로 질문을 던지고 그에 대한 답을 적어 보자. '요즘 뭐가 제일 재밌어?' '나 최근에 취미로 테니스를 시작했는데, 나와 꽤 잘 맞는 것 같아!' '지금 무슨 생각해?' '지금 아무 생각도 없어. 오늘 일이 정신없어서 그런지 피곤하고 쉬고 싶네….' 와 같이 자신에게 그냥 떠오르는 질문을 적고 옆에 답을 적으면 된다. 처음에는 어색할 수도 있지만 몇 번 해 보면 말로 내뱉는 것보다는 기록하는 것이 더 편해질 것이다.

두 번째는 지금 자신의 심정을 말하듯 기록하는 것이다. 예를 들면 "오늘 회사에서 프로젝트 발표했는데 대표님이 '어떻게 그런 생각을 했어? 정말 대단한데!'라며 무한 칭찬을 해 주셨어! 밤새우며 발표 자료 준비하느라 피곤했는데 그 말을 듣는 순간 피로가 싹 사라지더라고! 최근 들어 회사에서 가장 기분 좋은 순간이었어.
그래서 오늘은 수고한 나에게 주는 선물로 집에서 영화 보면서 와인 한잔 먹다가 잠들려고. 오늘도 너무 수고 많았어!"

이처럼 생각나는 대로 적으면 된다. 여기서 중요한 점은 생각나는 것을 가공하지 않고 당신의 심정을 그대로 적어야 한다는 것이다. 누군가에게 보여줄 것이 아니기에 굳이 단어를 바꾸거나 의미 없는 문장을 넣을 필요는 없다. 자신의 감정과 생각에 충실해져서 떠오르는 그대로 적으면 된다.

자신과의 대화 시간은 무조건 즐거워야 한다. 강한 의지를 갖고 억지로 하는 행동이 절대 아니다. 그냥 버스 안에서 옆자리 친구와 대화하듯이 편하게 시간을 써야 한다. 누군가와 대화하고 싶을 때 딱 3분만 자신과 대화하듯 기록해 보자. 기록하다 보면 생각보다 자신 생각이 깊고 더 어른스럽다는 것을 알게 될 수도 있다. 그리고 복잡하던 생각도 말끔하게 정리될 것이다. **자신과의 대화를 지속하다 보면 자신을 더 사랑하게 된다.**

부정적인 생각도
3분의 기록으로 해소하라

메모로 기록하고

잊어라.

- 사카토 켄지

일반적으로 우리는 잊지 않기 위해 기록한다. 우리의 기억력은 한계가 있기에 기록을 통해 보완한다. 많은 책에서 기록의 힘에 관해 이야기할 때 '쏟아지는 일을 빠트리지 않기 위한 기록, 약속을 잊지 않기 위한 기록'과 같이 남겨지는 행위에 초점을 맞춘다. 하지만 기록의 진짜 강력한 힘은 다른 곳에 있다. 우리가 생각하는 기록의 기본적인 역할에서 한 단계만 더 깊게 들어가면 기록의 참

모습을 알 수 있다.

당신이 일하던 도중 동료가 새로운 업무를 부탁했다. 그러면 당신은 어딘가에 그 일을 기록한 뒤 진행 중이던 일로 돌아가 하던 일을 마무리한다. 이후 리스트에서 부탁 받은 업무를 발견하고 그 일을 시작한다. 여기서 기록은 기억하는 것에 도움을 준 것일까? 아니면 그것을 잊어버리는 것에 도움을 준 것일까? 만약 기록하지 않았다면 동료가 나에게 주고 간 일을 머릿속에 계속 들고 있게 된다. 즉, 그 일을 잊어버리지 않기 위해 계속 기억하고 있어야 하는 것이다. 하지만 **노트에 기록하면 뇌는 그 일을 머릿속에서 임시로 지워버린다. 즉 기억하지 않는 상태가 되는 것이다.** 이런 관점에서 봤을 때, 기록의 진짜 용도는 기억하기 위함이라기보다는 기억하지 않기 위함이라 할 수 있다. 이와 같은 기록의 잊어버림 효과는 우리의 감정을 다스리는 데에도 아주 유용한 도구로 사용할 수 있다.

특히 부정적인 감정에 매우 효과적이다.
미국 텍사스대학의 제임스 W. 페니베이커 박사는 글쓰기와 건강에 관한 분야에서 세계적으로 인정받는 전문가이다.

1980년 그는 50여 명의 학생을 대상으로 글쓰기가 감정에 미치는 영향에 대해 실험을 진행했다. 참가자들에게는 살아오면서 가장 고통스러웠던 경험을 떠올리도록 했다. 그리고 두 그룹으로 나눠 첫 번째 그룹은 그 당시 겪었던 상황만 묘사하게 했고, 두 번째 그룹은 당시의 감정, 상황, 행동 그리고 그 사건에 대해 느끼는 현재의 감정까지도 구체적으로 기록하도록 했다. 4일간의 실험 기간 동안 두 그룹 모두 처음에는 감정을 쓰며 부정적인 감정들이 더 커졌지만, 시간이 지날수록 감정이 차분해지고 안정적인 상태가 되었다. 그런데 기록의 효과는 이게 끝이 아니었다. 감정이 일시적으로만 해소된 것이 아니라 장기적인 효과도 보인 것이다. 실험 진행 6개월 후 참가자들을 조사해 보았더니 첫 번째 그룹에 비해 감정을 구체적으로 기록한 두 번째 그룹이 의사를 찾아간 비율이 43%나 낮았다. 단순히 상황을 묘사했을 때보다 구체적인 감정을 기록했을 때 장기적으로도 감정의 해소 효과가 더 컸던 것이다.

페니베이커 박사는 이러한 기록의 효과를 성범죄 피해 여성들을 치유하는 데 사용했다. 피해 여성들은 자신이 트라우마로 갖고 있던 그 날의 경험을 구체적으로 쓰고, 그때 느꼈던 감정을 아주 솔직하게 썼다. 많은 참가자가 기록하며 감정을 주체하지 못하고 눈물을 흘렸다. 하지만 실험 이후 참가 여성들은 트라우마에서 조금씩 벗어날 수 있었고 삶에서도 긍정적인 효과를 얻게 되었다.

페니베이커 박사는 "감정을 분류하고 트라우마가 된 사건을 인정하면 매우 긍정적인 변화가 일어난다."라고 말했다. 결론적으로 글쓰기가 부정적인 감정을 다스리는데 아주 탁월한 효과가 있다는 말이다.

이처럼 감정을 기록하는 행위는 감정을 분류하고 재해석할 수 있도록 도와준다. 기록은 긍정적인 감정을 극대화하기도 하지만 부정적인 감정을 최소화하는데 더욱더 효과적이다. 우리는 살면서 기분 좋은 일보다 걱정, 고민을 더 많이 떠올리게 된다. 내가 떠올리고 싶지 않더라도 걱정은 머릿속을 계속 맴돌며 나를 괴롭힌다. 정신없이 일하다가도 걱정이 떠오르는 순간 두려움이 밀려오고 하던 일도 집중이 안 되는 경우가 있다. 이렇게 걱정이 계속 찾아오는 이유는 머릿속에 있는 걱정을 그대로 내버려 두었기 때문이다. **부정적인 감정은 기록을 통해 배출해야 해소할 수 있다.**

페니베이커 박사는 2006년 더욱 재밌는 실험을 진행했다. 연인들이 관계를 유지하는 데 글쓰기가 얼마나 도움이 되는지에 대한 실험이었다. 총 86명의 참가자를 모집해 두 그룹으로 나눴다. 첫 번째 그룹은 연인과 만나면서 관계에 대해 어려운 부분과 감정을 솔직하게 기록하게 했다. 두 번째 그룹은 연인과 있었던 일상적인 상황을 기록하도록 했다. 3개월 후, 연구팀은 참가자들을 다시 조사해 보았다. 첫 번째로 깊은 감정을 기록한 연인들은 77%가 관계를 지속하고 싶다고 말했지만, 두 번째 그룹은 52%만이 관계를 지속하고 싶다고 말했다. 그들이 주고받은 문자메시지를 분석해 보았을 때도 첫 번째 그룹의 메시지에는 긍정적인 단어가 더 많이 사용된 것을 발견할 수 있었다. 이처럼 감정을 솔직하게 적어 보는 것은 사람과의 관계를 유지하는 데에도 큰 도움을 준다. 글을 적으면서 상대방의 입장을 객관적으로 생각해 보게 되고, 그 과정에서 자신을 돌아보게 되는 것이다.

부정적인 감정을 솔직하게 기록하는 것은 긍정으로 들어서는 길이다. 부정적인 감정을 머릿속에 남겨두지 말고 종이로 옮겨 적어라. 부정적인 감정을 종이에 기록하는 순간, 갖고 있던 걱정들은 빠져나가고 긍정적인 생각들이 들어올 빈자리가 만들어진다.

페니베이커 박사는 자신의 책 《표현적 글쓰기》에서 다음 2가지를 적으라고 이야기한다.

**첫 번째, 잠드는 것을 방해할 정도로 생각나는 걱정이나 사건
두 번째, 예전 일보다는 지금, 내가 있는 곳에서의 문제**

기록은 온전히 자신만을 위한 것이다. 누구에게도 그 기록을 보여 줄 필요가 없다. 자신에게 솔직해지는 것은 정신적인 건강함을

유지할 수 있도록 도와준다. 지금 펜과 종이를 준비하고 당신의 부정적인 감정 기록해 보자. 가장 최근에 가지고 있는 걱정은 무엇인가? 기록할 때 중요한 점은 단순히 상황만 적는 것이 아니라 솔직한 감정을 구체적으로 적어야 한다는 것이다. 지금 어떤 어려움이 있는가? 무엇이 당신을 불안하게 만드는가? 그리고 문제들이 앞으로 어떻게 되었으면 좋겠는가? 우울할 때나 걱정이 많아질 때면 스마트폰을 내려 놓고 펜을 들어라. 지금 당신의 걱정을 기록하라. 부정적인 감정을 뱉어내어 그것을 기록으로 해소하라.

당신의 잠을 방해하고 부정적인 생각이 들게 하는 걱정들

1 _____

2 _____

3 _____

자신을 향한 긍정 확언을
3배 더 많이 적어라

당신이 부정적인 생각들을 긍정적인 생각들로 바꾸면,

당신은 긍정적인 결과들을 얻기 시작할 것이다.

- 윌리 넬슨

인간은 본능적으로 부정적인 존재이다. 사람이 많은 카페에 앉아 주변 이야기에 귀 기울여 보라. 5분만 앉아 있어도 긍정적인 이야기보다는 부정적인 이야기가 훨씬 더 많다는 것을 단번에 느낄 수 있다.

카페에서 "요즘 나는 너무 행복해. 감사한 일이 얼마나 많은지 몰라."라고 말하는 사람을 본 적이 있는가? 그런 사람은 하늘의 별

따기만큼이나 찾기 힘들 것이다. 인간이 온종일 하는 생각 중에는 부정적인 생각이 70~80%를 차지한다고 한다. 비율로만 따져도 **긍정적인 생각보다 3배나 더 많이 부정적 생각을 한다**는 것이다. 기록을 통해 부정적인 기운을 내보내면 빈자리가 잠시 생기게 된다. 새로운 것을 채워 넣을 수 있는 것이다. 하지만 아무것도 하지 않고 그대로 내버려 둔다면 우리의 본능이 부정적인 생각들을 끌고 들어와 다시 그 자리를 차지할 것이다. 우리는 긍정적인 것들을 주입해 빈자리를 채워야 한다.

앞서 말한 부정적인 기록은 너무 오랜 시간 하면 오히려 안 좋은 영향을 미칠 수 있다. 고민을 기록하는 것에는 3분 정도만 써도 충분하다. 하지만 긍정적인 감정을 기록하는 것에는 시간의 제약을 두지 말자. **긍정의 기운은 많으면 많을수록 더욱 큰 힘을 발휘한다. 긍정적인 감정을 기록하는 것에는 시간을 마음껏 써도 좋다.**

《긍정의 발견》의 저자 바버라 프레드릭슨 박사는 긍정과 부정의 황금비율이 3:1이라고 말했다. 그녀는 많은 실험을 통해 번영하는 사람들은 긍정과 부정이 3:1 이상이지만 평범한 사람들은 1:1 혹은 2:1 정도에 그쳤다는 것을 발견했다.

프레드릭슨 박사는 다양한 기업의 60개 팀을 대상으로 한 가지 실험을 진행했다. 그녀는 팀이 회의에 참여하는 태도를 관찰하고 수집해 각 팀의 성과 데이터와 긍정의 비율을 비교 분석하기 시작했다. 그녀는 분석을 통해서 긍정성 비율에 따라 성과가 확연히 차이가 난다는 사실을 발견했다. 성과가 낮은 팀의 경우 긍정과 부정의 비율이 1:1이었다. 중간 성과 팀은 긍정의 비율이 부정보다 2배가량 높았고, 고성과를 내는 팀의 경우 긍정성 비율이 높게는 6배까지도 나타났다. 그녀는 우리는 최소 긍정과 부정을 3:1 이상의 비율로 지녀야 하고 긍정 비율은 당신이 미래에 번영할 것인지에 대한 여부에도 큰 영향을 미친다고 말했다.

위의 연구 결과를 통해 우리는 긍정 기록하는 시간을 부정 기록의 시간보다 최소 3배 이상 써야 한다는 것을 알 수 있다. 나도 부정적인 기록은 아주 가끔 하며 큰 문제가 아니라면 짧은 시간을 쓴다. 휴지통에 쓰레기를 던지듯, 부정적인 감정을 툭 던져 버리는 것이다. 긍정적인 기록이나 긍정적인 생각은 의식적으로 매일 최소 10분 이상을 한다. 매일 감사 일기를 쓰며 감사한 것 3가지를 기록하고 명상을 통해 긍정적인 생각을 한다. 긍정적인 생각이 잘 안 떠오를 때는 긍정 확언이나 감사 명상 영상을 찾아서 나오는 말을 그냥 듣거나 따라 한다. 이처럼 긍정적인 것은 계속 주입하고 자주 접할수록 좋다.

루이스 L. 헤이는 수많은 책을 써서 긍정과 감사의 힘을 전 세계에 전파했다. 그녀는 우리는 얼마든지 삶을 더 좋게 바꿀 수 있다고 말하며 가장 좋은 방법으로 '자기 확언'을 추천했다.

그녀는 "자기 확언은 자신이 원하는 것을 생각하고 말로 표현함으로써 이루어 내는 것이다. 우리가 생각하고 말하는 모든 것이 확언이다. 우리가 일상 생활에서 생각하거나 말로 표현하는 것들 가운데 많은 부분이 꽤 부정적이며 좋은 경험을 가져다주지 못하고 있다. 만약 우리가 삶을 변화시키기를 원한다면 부정적인 생각과 말을 긍정적인 것으로 바꾸는 훈련을 하면 된다."라고 이야기했다.

그녀의 말처럼 자기 확언도 긍정적인 것들로 가득 채우면 삶이 더 좋은 방향으로 바뀌게 된다. '긍정 기록'도 긍정 확언의 한 방법이다. 긍정 확언을 통해 우리의 생각 체계를 긍정적인 것으로 변화시킬 수 있다. 물이 절반 정도 담겨있는 컵을 보고 누군가는 "물이 절반밖에 안 남았네."라고 하지만 누구는 "아직 물이 절반이나 남았네!"라고 말한다. 평소에 자신이 어떤 말과 생각을 하느냐에 따라 이런 차이가 생긴다.

헤이는 자신의 책 《나는 할 수 있어》에서 우리가 바로 사용할 수 있는 3가지 자기 확언 문장을 알려 준다.

"나는 나 자신에 관해 좋게 느낄 수 있다."

"나는 긍정적인 변화를 이루어 낼 수 있다."
"나는 할 수 있다."

먼저 이 3가지 문장을 말하며 노트에 옮겨 기록하는 것만으로도 우리는 긍정적인 생각을 할 수 있다. 긍정 확언 문장은 새롭고 특별하게 적을 필요가 없다. 자신이 긍정적으로 변화할 수 있다는 가능성을 열어 두고 할 수 있다는 자신감을 주는 말을 기록하면 된다.

당신의 하루는 긍정과 부정이 어느 정도 비율로 차지하고 있는가? 우리가 밥을 먹을 때 열량을 계산하고, 돈을 쓸 때 수입과 지출을 관리하듯 긍정과 부정의 비율도 측정하고 관리해야 한다. 부정적인 비율이 높다면 긍정 확언을 더욱 적극적으로 활용하자. 그리고 긍정이 부정보다 최소 3배 더 많아질 때까지 꾸준히 반복하자. 다음 긍정 확언 문장을 보고 마음에 드는 것을 뽑아 수시로 기록하라. 당신의 삶이 긍정으로 가득 차는 순간, 자신을 사랑할 수 있게 된다. 자신을 사랑하는 것, 그 자체로 엄청난 변화가 시작되는 것이다.

긍정 확언 문장

- 나는 나를 아끼고 존중하고 사랑한다.

- 나는 살아있음에 감사하고 오늘 하루에 감사한다.
- 나는 오늘도 건강하게 최상의 컨디션을 유지하고 있다.
- 나의 인생은 감사와 사랑이 넘친다.
- 나는 행복하고 긍정적인 일들로 가득하다.
- 나는 매일 더 발전하고 나아지고 있다.
- 나는 무한한 잠재력이 있다.
- 나는 건강한 관계로 둘러싸여 있다.

기록으로 이루면
스스로 선물하라

자기 자신을

사랑하라.

- 니체

보상 심리란 내가 어떠한 행동을 했을 때 그것에 합당한 대가를 받고 싶어 하는 인간의 본능적인 심리이다. 우리는 어떤 행동을 하든지 의도가 들어가기 마련이다. 아무런 의도 없이 다른 사람에게 베풀었다고 생각하지만, 마음 깊이 들여다보면 아무런 의도가 없는 경우는 거의 없다. 예를 들어 자식을 아무리 사랑하는 부모라도 아이에게 무언가를 사줄 때는 부모 말을 좀 더 잘 듣기를 바라는

마음이 담겨 있다. '자신 말을 잘 듣기를 바라는 마음', 보상을 원하는 심리이다. 이러한 보상 심리는 남에게 사용하면 실망감으로 돌아오는 경우가 대부분이다. 그 이유는 사람마다 생각하는 보상의 기준이 다르기 때문이다. '이것을 주면 내가 원하는 것이 돌아오겠지?'라고 생각하며 자신의 기준에서 합당한 배려를 베푼다.

하지만 상대방은 그것을 충분하다고 느끼는 경우가 많지 않다. 아니, 오히려 부족하다 느낄 가능성이 크다. 그렇게 상호 간 기준의 차이는 필연적으로 발생하게 된다. 하지만 보상 심리를 타인이 아닌 자신에게 사용하면 아주 강력하고 유용한 동기 부여의 도구가 된다.

우선 자신에게 보상 심리를 쓰는 것은 의견의 대립이 발생하지 않는다. 스스로 질문하고 스스로가 원하는 것을 답하기에 보상도 적합하다. 당신이 생각할 때 이번 주에 완수해야 할 일이 어렵다고 느껴진다면 그 일은 어려운 일로 정하면 된다. 항상 자신이 어떻게 느끼는가에 집중하는 자세를 가져야 한다. 다른 사람이 보았을 때 "에이, 그게 뭐 어려운 일이야!"라고 말할 수 있지만 그건 타인의 의견일 뿐이다. 오히려 타인의 의견을 들었을 때는 남 탓을 하게 되는 경우가 발생한다. 그 사람 때문이라고 합리화를 하게 되는 것이다. 만약 당신이 어렵다고 생각한 일이 예상보다 일이 쉽게 끝난다면 "다음번에는 목표를 좀 더 높게 잡아도 되겠다."라고 인지하면 된다. 그렇게 조금씩 더 높은 목표를 세우고 실천해 나가면 자연스럽게 발전하게 되는 것이다. 당신의 발전이 문제없이 지속되면 좋겠지만 중간에 반드시 큰 장애물을 만나게 된다. 장애물을 잘 넘기기 위해서는 자신의 보상 심리를 잘 활용해야 한다.

인간이 성장하는 과정에는 반드시 정체기가 포함된다. 정체기란 쉽게 말해 슬럼프가 오는 것이다. 슬럼프에 빠진 경우, 잘못된 방법으로 해소하려 하면 오히려 부작용이 생긴다. 만약 슬럼프에서 포기하면 시작한 것만 못하기 때문에 슬럼프가 오기 전에 대비해야 한다. 바로 스스로 보상 심리를 채워 주는 것이다. 자신의 수고에 선물을 줘서 동기를 강화해 준다면 다시 발전을 향해 한 발자국을 내디딜 수 있게 된다.

먼저 슬럼프의 원인을 살펴 보자. 〈스터디코드〉라는 회사는 표면적인 공부 기술이 아닌 본질(코드)로부터 접근해 올바른 학습법을 알려 주는 곳이다. 그들은 자신들의 유튜브 채널에서 다양한 본질(코드)을 공개하는데 "슬럼프의 CODE"는 이렇게 정의했다. 슬럼프란 '내가 지속해서 노력함에도 결과로 이어지지 않는 것 같은 정체된 상태. 이로 인해 매너리즘에 빠진 상황'이다. 스터디코드의 조남호 대표는 슬럼프를 해결하기 위해서는 본질적인 원인을 알아야 한다고 말한다. 그는 "슬럼프를 극복하는 방법으로 매너리즘에 빠진 상황이라는 결과적인 모습에 집중해서 해법을 내놓는 경우가 많다. 하지만 매너리즘에 빠지게 된 원인을 알아야 근본적인 해결책을 찾을 수 있다." "슬럼프는 노력한 자의 것이다. 나태함을 슬럼프로 합리화하지 말자! 슬럼프는 최선의 노력 끝에 오는 것이다."라고 말했다. 즉, 슬럼프가 온다는 것은 내가 노력하고 있다는 중이라는 뜻이다.

아무런 노력도 하지 않는 사람에게는 슬럼프가 오지 않는다. 조남호 대표는 슬럼프를 설명하면서 학습 곡선learning curve을 예로 든다. 학습 곡선이란 시간이 흘러감에 따라 학습적 성장의 변화를 도식화한 것이다.

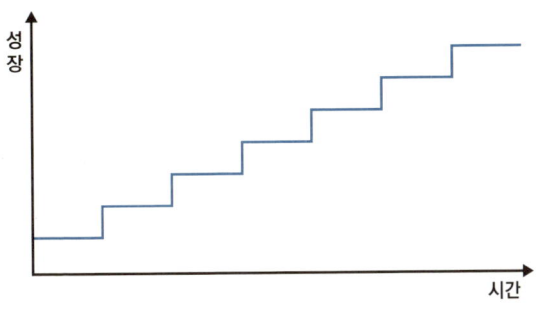

세로축은 성장(능력)을 뜻하고, 가로축은 시간(누적 경험)을 뜻한다. 인간이 학습하는 과정에서 성장 곡선은 일정하게 우상향하지 않는다. 새롭게 시작할 때는 습득이 빠르고 금방 잘하게 될 것 같은 생각이 든다. 실제로 성장하는 게 몸으로 느껴질 정도이다. 하지만 성장기를 넘게 되면 그다음 정체기가 온다. 처음보다 성장이 더뎌지면서 무의미한 것에 시간을 쓰고 있다는 느낌을 받게 되는 것이다.

우리는 이 과정에서 포기하지 않도록 자신에게 동기를 불어넣어야 한다. 그 방법은 중간 단계를 설정하고 각 단계를 달성할 때마다 스스로 선물을 주는 것이다. 조남호 대표의 말처럼 슬럼프를 해결하는 방법은 조건 없는 휴식이 아니다. 지속해서 노력하고 있다면 멈추지 않도록 동기를 부어 넣어 다음 성장 주기가 올 때까지 움직일 수 있도록 해 주어야 한다. 즉, 보상 심리를 만족시켜 줘야 하는 것이다. 그러기 위해서는 슬럼프가 오기 전에 각 단계와 당신이 정말로 원하는 것을 미리 정해두어야 한다.

먼저 최종 목표를 달성했을 때 줄 큰 보상을 정하자. 그런 다음 최종 목표로 가기 위한 중간 단계를 기록하고 작은 보상을 추가하자. 어느 정도 하면 잘한 것인지 스스로 판단하자. 그리고 어떤 선물을 받고 싶은지 기록하자.

앞서 말했듯이 온전히 자신만의 기준에서 세워라. 남들이 무슨 말을 하든 신경 쓰지 마라. 온전히 자신 생각에 집중하라.

	목표	나에게 주는 선물
1단계		
2단계		
3단계		
4단계		
5단계		

    1단계는 가능하면 생각보다 낮게 설정하는 것이 좋다. 너무 큰 목표를 설정하면 1단계를 가기 전에 지쳐 버릴 수도 있다. 단계와 보상은 머릿속으로만 생각하지 말고 기록해 두어야 한다. 만약 기록해 두지 않으면 보상을 빨리 얻기 위해 머릿속에서 기준을 바꿔 버릴 수 있다. 합리화를 통해 자신이 얻게 된 보상은 처음에는 좋을 수 있지만 나중에는 찜찜한 기분이 든다. 그러면 오히려 죄책감에 동기를 잃을 수도 있다. 자신만의 단계를 확실하게 정하고 그것을 기록하라. 기록해 두면 달성 여부도 명확하게 볼 수 있다. 기록

한 모습이 완벽하게 실현되었을 때 원하는 것을 자신에게 선물하자. 그러면 슬럼프를 극복할 수 있는 새로운 동기와 기운을 얻어 더 쉽게 다음 단계로 나아갈 수 있을 것이다.

무엇이든 기록하고 그것을 이루면 스스로에게 선물하라. 작은 선물이 자신을 더 멀리 나아갈 수 있도록 도와줄 것이다.

기록으로
자존감을 올려라

스스로를 존경하면

다른 사람도 그대를 존경할 것이다.

- 공자

　이번 장에는 **펜이 꼭 필요**하다. 펜을 들고 있지 않다면 당장 들고 와서 다시 자리에 앉길 바란다. 잠시 1분만 생각해 보자. 당신의 강점은 무엇인가? 당신은 자신의 장점을 얼마나 알고 있는가? 장점과 강점이 헷갈릴 수 있으니 그 차이를 먼저 알아 보자.

장점(advantage) = '내가 잘하는 것'

강점(strength) = '내가 남들보다 잘하는 것'

장점과 강점의 차이는 비교 대상의 유무이다. 장점은 내가 가지고 있는 좋은 것들이다. 예를 들어 '키가 크다'라는 것은 장점이 될 수 있다. 큰 키는 사람들이 멋있어 보이고 타인의 호감을 불러일으킨다. 장점은 자신이 기준이 되어 판단하는 것들이다. '긍정적이다', '성실하다', '배려심이 깊다.', '잘 웃는다'와 같은 것들이다.

강점은 다른 사람들과 비교했을 때 내가 더 잘하는 것이다. 강점은 타고나거나 노력을 통해 생기게 된다. 예를 들어 "나는 축구를 잘해."라는 강점이라 볼 수 있다. 남들과 비교했을 때, 내가 잘하는 것은 나의 강점이 되는 것이다. "디자인 감각이 뛰어나다," "컴퓨터를 잘 다룬다," "그림을 잘 그린다"와 같은 점들은 강점이다.

머릿속으로 생각해 보니 자신의 장점이나 강점이 몇 가지 안 되는 것처럼 느껴질 수도 있다. 하지만 장점이 없어서 그런 것이 절대 아니다. 시간을 갖고 집중해서 당신의 장점과 강점을 생각하고 찾아봤던 적이 없었기 때문에 떠오르지 않는 것이다. **머릿속으로만 생각하면 내 장점이 몇 개인지 알 수가 없기에 기록해야 한다.** 당신의 장점과 강점을 100개를 아래 표에 채워 보자. "뭐라고?

100개나 적어야 한다고? 너무 많은데…."라고 생각할 수도 있다. 하지만 기록하다 보면 자신이 생각했던 것보다 장점이 많은 것을 알게 될 것이다. 아직 어떻게 적어야 할지 잘 모르겠다면 아래 예시를 보고 당신의 장점과 강점을 찾아 보자.

나는 매력적인 사람이다. 나는 비율이 좋다.

나는 행복한 삶을 살고 있다. 나는 목표를 분명히 갖고 있다.

나는 내가 원하는 것을 알고 있다. 나는 성격이 차분하다.

나는 붙임성이 좋다. 나는 노래를 잘한다.

나는 건강한 신체를 갖고 있다. 나는 키가 크다.

나는 운이 엄청 좋다. 나는 매일 성장하고 있다.

나는 젊다. 나는 주변에 좋은 사람들로 넘친다.

나는 매일 웃을 수 있다. 나는 긍정적이다.

나는 열정적이다. 나는 성격이 좋다.

나는 부지런하다. 나는 눈치가 있다.

나는 작은 일에도 정성을 다한다. 나는 누우면 1분 만에 잠든다.

나는 옷을 잘 입는다. 나는 실천력이 좋다.

나는 책을 잘 읽는다. 나는 혼자서도 시간을 잘 보낸다.

나는 유머 감각이 뛰어나다. 나는 친구들에게 편한 사람이다.

나는 휘파람을 잘 분다. 나는 부모님께 전화를 자주 드리는 효자이다.

나는 다정다감하다. 나는 청소를 잘한다.

나는 달리기는 잘한다. 나는 머리숱이 많다.

나는 체력이 좋다. 나는 눈치가 빠르다.

나는 아이디어를 잘 낸다. 나는 그림을 잘 그린다.

나는 길을 잘 찾는다. 나는 짧은 머리가 잘 어울린다.

나는 눈이 매력적이다. 나는 귀가 밝다.

나는 다리가 튼튼하다. 나는 걷기를 잘한다.

나는 게임을 잘한다. 나는 PPT를 잘 만든다.

나는 머리 스타일링을 잘한다. 나는 자연을 사랑할 줄 안다.

나는 손이 이쁘다. 나는 시계가 잘 어울린다.

위에 적힌 예시는 누구나 하나쯤은 갖고 있을 만한 것들이다. '이런 것도 장점이야?'라고 생각되는 모든 것을 적어 보자. 당신의 머릿속에서 떠오르는 그대로 적어야 한다. 시간은 최소 30분 이상 확보한 후 기록을 시작하자. 한 자리에서 쭉 써야 장점과 강점이 더욱 잘 떠오른다. 준비되었는가? 그렇다면 지금 바로 시작해 보자!

장점과 강점 100가지

1
2
3
4
5
6
7
8
9
10
11
12
13
14
15
16
17
18
19
20

장점과 강점 100가지

21
22
23
24
25
26
27
28
29
30
31
32
33
34
35
36
37
38
39
40

41

42

43

44

45

46

47

48

49

50

51

52

53

54

55

56

57

58

59

60

장점과 강점 100가지

61
62
63
64
65
66
67
68
69
70
71
72
73
74
75
76
77
78
79
80

81

82

83

84

85

86

87

88

89

90

91

92

93

94

95

96

97

98

99

100

와 축하한다! 당신은 자신의 장점과 강점 100가지를 찾아냈다! 쉽지 않은 일인데 역시 당신은 정말 대단하다. 아마도 100가지를 적어 보면서 '생각했던 것보다 내게 장점이 많네?'라고 느꼈을 것이다.

당신이 적은 것처럼 당신은 많은 장점을 갖고 있는 사람이다. 자신의 장점과 강점을 잘 아는 것은 자존감을 높이는 데 많은 도움을 준다. 자존감은 중심을 유지하는 것이 중요하다. 자존감이 너무 낮으면 자괴감이 되고 자존감이 너무 높으면 그것은 자만심이 된다. 자신의 장점과 강점을 적어 보면 진짜 내가 갖는 것들을 알게 되고 그것을 어떻게 쓸지 집중할 수 있게 된다.

요즘 많은 청년이 스스로 자존감이 낮다고 생각한다. 2020년 잡코리아와 알바몬이 진행한 설문에서 취준생의 61.5%가 자존감 도둑 1위는 '나 자신'이라고 답했다. 우리는 자기 확신이 없을 때 자존감이 낮아진다. 반대로 말하면 자기 확신을 강화하면 자연스럽게 자존감은 올라간다. 장점과 강점 100가지를 적어 볼 때 어땠는가? 기록하기 전보다 자신에 대해 조금 더 많이 알게 되었을 것이다. 자신이 많은 장점을 가진 사람이라는 것을 인지하고 확신하는 것만으로 자존감은 자연스레 올라가게 된다.

기록은 당신의 자존감을 올려 주는 매우 효과적인 도구다. 책을 읽다가 자신의 장점이 더 떠오른다면 아래에 남은 공간에 이어서 적어 보자. **당신은 장점과 강점이 넘치는 멋진 사람이다.**

기록은 내 삶을
의미 있는 시간으로 채워 준다

그대의 하루하루를

그대의 마지막 날이라고 생각하라.

- 호라티우스

우리가 일할 때 무기력해지는 가장 큰 이유는 '내가 의미 있는 일을 하고 있지 않다.'라고 느끼기 때문이다. 주변 환경에 의해 모든 시간을 당장 통제할 수는 없겠지만 당신이 통제할 수 있는 시간은 의미 있는 시간으로 당장 바꿀 수 있다. **당신의 삶을 의미 있게 만들기 위해서는 시간을 '기록'해야 한다.**

사람들은 의미 있는 시간을 기록으로 남기고 싶어 한다. 가족과 함께 소중한 시간을 보내거나, 꼭 가보고 싶은 여행지가 눈앞에 있을 때, 우리는 그 순간을 남기기 위해 사진을 찍는다. 어떤 사람은 저녁에 일기를 쓰며 자신이 느꼈던 감정을 글 속에 담는다. 기록을 남기게 되면 시간의 의미는 배가 된다. 의미 있는 순간 찍었던 사진은 단순히 형태만 담는 것이 아니라 내가 느꼈던 감정까지 그대로 담아 낸다. 사진을 볼 때 감정의 변화가 생기는 것도 그때의 감정이 그대로 담겨 있기 때문이다. 당신의 인생이 매 순간 사진 찍고 싶을 만큼 의미 있는 시간이 된다면 어떨 것 같은가? 그보다 행복한 삶은 없을 것이다. 삶에서 의미를 갖고 산다는 것은 죽음의 공포도 이겨낼 수 있게 한다.

빅터 프랭클은 삶의 의미가 있다면 죽음이 눈앞에 있는 상황에서도 이겨낼 수 있다는 것을 몸소 보여준 사람이다. 그는 세계적으로 악명 높은 아우슈비츠 수용소에서 겪은 일을 자신의 저서 《죽음의 수용소에서》에 담았다. 그는 자신이 수용소에서 자신이 살아남을 수 있었던 이유를 책을 통해 공개했고 '로고테라피'라는 이론을 만들어 많은 사람에게 큰 영향을 주었다.

《죽음의 수용소에서》라는 책 제목으로 인해 그저 힘든 수용소에서 빅터 프랭클 박사가 느낀 점을 기록한 책 정도로 생각할 수도 있다. 하지만 책의 영어 원제는 《Man's Search for Meaning》이다. 직역하면 '삶의 의미를 찾아서'라는 뜻이다.

빅터 프랭클 박사는 책에서 "왜 살아야 하는지 아는 사람은 그 어떤 상황도 견딜 수 있다."라는 니체의 말을 인용했다. 그만큼 왜 살아야 하는지 의미가 중요하다는 것이다.

그는 "자신 삶에 더 이상의 느낌이 없는 사람, 이루어야 하는 목적도 목표도 그리고 의미도 없는 사람은 파멸했다."라고 말하며 자신 경험을 책에 담았다.

빅터 프랭클 박사가 수용소에서 살아남을 수 있었던 가장 큰 이유는 무엇일까? 그는 '인간에게 모든 것을 빼앗아 갈 수 있어도 단 한 가지, 마지막 남은 인간의 자유, 주어진 환경에서 자신의 태도를 결정하고, 자기 자신의 길을 선택할 수 있는 자유만은 빼앗아 갈 수 없다.'라는 것을 수용소의 경험을 통해 깨달았다.

그리고 그 깨달음을 세상에 전해야 한다는 의미를 갖고 매 순간을 바라보았기에 끔찍한 수용소에서도 살아남을 수 있었다. 우리가 사는 삶은 아우슈비츠 수용소와 같이 끔찍한 환경과 비교할 수 없을 정도로 좋다. 하지만 삶에서 나의 시간과 행동들이 의미 있다고 느끼지 못한다면 그것은 수용소의 수감자들보다 더 나은 삶이라 할 수도 없다. 삶에서 의미 있는 시간을 더 많이 만들기 위해서는 시간을 기록해야 한다. 시간을 기록하면 미래에도 사라지지 않는 의미 있는 순간으로 남게 된다. 지금 내가 한 행동과 나의 감정, 사람과 나눴던 대화, 깨달은 점 등을 기록한다면 나의 모든 시간은 의미 있는 시간으로 전환된다.

2021년 〈오징어 게임〉이라는 넷플릭스 드라마가 전 세계를 강타했다. 한국에서 제작한 드라마가 전 세계인들의 공감을 끌어내고 새로운 문화를 만들어 냈다는 것은 정말 이례적인 일이었다. 〈오징어 게임〉은 자신이 살기 위해서는 누군가가 죽어야 하는 환경 속에서 게임이 진행된다. 누군가가 죽으면 자신이 살았을 때 얻을 수 있는 금전적인 이득이 커지므로 인간의 욕심과 탐욕이 그대로 드러나는 상황들이 드라마 속에서 많이 연출되었다. 하지만 후반부로 갈수록 인간의 본능적인 욕심을 거스르는 장면들이 나오며 사람들의 마음을 울렸다. 그중에서도 젊은 여성인 새벽과 같은 처지였던 지영의 이야기는 아주 깊은 울림을 주었다.

오징어 게임에서 살아남기 위해서는 물리적으로 '힘'이 센 사람들끼리 뭉쳐야 했지만, 상대적으로 힘이 약하고 어린 여자였던 새벽과 지영은 누구에게도 선택 받지 못했다. 그렇게 결국 둘이 한 팀이 되고 만다. 그런데 다음 게임이 둘 중 한 명이 죽어야 끝나는 구슬치기였다. 시간은 단 30분만 주어졌다. 지영은 서로를 이겨서 어떻게든 살아남으려 하는 다른 참가자들의 모습을 보며 "너 남은 시간 동안 나하고 저러고 있고 싶냐?", "다른 사람한테 못 해본 얘기 하자.", "어차피 우리 중 하나는 여기서 죽어. 서로 무슨 얘기를 하든 다시 얼굴 보고 민망할 일은 없잖아. 안 그래?"라고 새벽에게 이야기했고 그들은 남은 시간 동안 서로에 대해 알아가게 된다. 그 대화 속에서 지영은 자신은 나가야 할 이유가 없는 반면 새벽은 나가야 할 분명한 이유가 있음을 깨닫게 된다. 대화가 끝난 후 지영은 새벽과의 마지막 게임에서 일부러 지는 선택을 하며 이런 말을 남겼다.

"넌 여기서 나갈 이유가 있지만, 난 없어. 여기서 나가면 뭘 할까, 네가 물어봤을 때부터 계속 생각해 봤거든? 아무리 생각해도 생각이 안 나. 이유가 있는 사람이 나가는 게 맞잖아. 그게 맞잖아? 너는 꼭 살아서 나가."

그리고 지영은 머리에 총을 맞고 죽음을 맞았다.

물론 드라마라는 점을 고려했을 때, 이 상황은 현실적이지 않다고 생각할 수도 있다.

하지만 인간이 살아야 할 '삶의 이유나 의미'가 없으면 아무리 큰 상금도 무의미하며 산다는 것도 무의미하게 느껴지는 것을 말해 주고 있다. 자신 삶을 의미 있게 바라보는 것, 그리고 의미 있는 삶으로 스스로 만들어가는 것은 인생의 아주 중요한 동기가 된다.

당신이 살아가는 매 순간순간은 아주 큰 의미가 있다. 나는 모든 사람의 순간은 의미 있는 시간이라 생각한다. 의미의 크기는 돈이 많고 적음, 지위가 높고 낮은 것으로 정해지지 않는다. 자신이 삶의 순간을 어떻게 정의하느냐에 따라 그 의미의 크기가 결정된다.

시간을 기록한다는 것은 내가 그 순간을 의미 있는 것으로 정의하는 것과 같다. 비어있는 시간을 발전적인 것들로 채우면 의미 있는 시간이 된다. 그리고 책에서 어떤 것을 느꼈는지 기록하면 그 시간은 내 삶 중에 의미 있는 순간으로 정의된다. 온종일 유튜브를 보면서 시간을 낭비한 날도 노트를 펼쳐서 내 삶의 개선점을 찾고 기록하면, 그 시간의 의미가 변한다. 그저 낭비한 시간으로 남는 것이 아니라 스스로 돌아보는 아주 중요한 의미 있는 시간으로 바뀌게 되는 것이다.

우리가 살아가면서 시간을 기록하고 관리하는 것은 자신 삶이 의미 있다고 스스로 말해 주는 것과 같다. 매 순간 의미 있는 메시지를 자신에게 던져 준다면 내면에서도 스스로 더욱 가치 있는 사람으로 여길 것이다. 그런 과정이 반복되면 매 순간을 낭비하지 않고 더욱 의미 있는 시간으로 채워 간다. 당신은 이제 시간을 기록한다는 것의 의미를 알게 되었다. 기록을 삶의 가치를 높여주는 아주 좋은 도구로 쓸 수 있다. 기록으로 당신의 삶을 더욱 의미 있게 만들어라.

결국 내 손으로 만든 기록이
내 인생을 만든다

기록되지 않은 것은

기억되지 않는다.

- 김구

 호사유피 인사유명(虎死留皮 人死留名). 호랑이는 죽어서 가죽을 남기고, 사람은 죽어서 이름을 남긴다.
 이것은 누구나 잘 아는 속담이다. 이름을 남긴다는 것은 사람이 죽어 세상을 떠나도 기억된다는 말이다. 죽어서까지 자신의 이름을 남기고 싶어 하는 것이 인간이 갖는 욕망이다. 욕망에는 선과 악이 없다. 욕망은 인간의 본능이기에 나쁘다고 말할 수 없고 지극

히 당연한 것으로 받아들여야 한다.

 욕망은 누구나 갖는 것이다. 하지만 욕망과 욕심은 구분해야 한다. 욕망을 갖고 노력하지 않으면 그것은 욕심이다. 목표는 있지만 아무 행동도 하지 않으면서 이루어지길 바라는 것은 욕심이다.

 노트에 '몸짱 되기'라고 적어 놓고 선명한 복근이 있는 연예인의 사진을 붙여 놓으면 뭐 하는가? 운동하지 않으면서 살이 빠지고 근육이 생기길 바라는 것은 너무나 큰 욕심이다. 욕망을 갖고 그것을 이루기 위해 부단히 노력해 달성해 낸 사람들만이 자신의 이름을 남기게 된다.

 이 책에서는 목표를 달성하는 다양한 도구들을 알려 주었다. 당신이 정말로 원하는 목표 3가지를 기록하는 것, 목표가 달성된 모습을 구체적으로 기록해 보는 것도 말했다. 당신이 세운 목표는 잊지 않도록 꾸준히 적고 들여다보는 것이 중요하다. 하지만 아무런 노력을 하지 않는다면 그것은 절대로 이루어지지 않는다.

 미국 전 대통령 프랭클린 루스벨트는 이런 말을 남겼다. "나는 꿈이 없고 장래성 없는 남자는 쓸모없다고 생각해 왔지만, 만일 자신의 꿈과 비전을 조금이라도 실현하기 위해 자기 행동을 바꾸는 실제적인 노력을 하지 않는다면 그 역시 쓸모없는 인물이다."

목표를 기록한 것은 달리기 위해 신발 끈을 묶은 것이지 발을 내디딘 것이 아니다. 목표가 정해졌다면 부단한 노력이 더해져야 이루어진다. 목표 기록은 좋은 신발을 신은 것일 뿐이다.

부정적 사고보다 긍정적인 사고가 목표를 달성하는 데 도움이 되는 것은 엄연한 사실이다. 세상과 인생을 즐겁고 좋은 것으로 여기는 낙천적인 성격, 인생이나 사물을 밝고 희망으로 보는 긍정적인 마음, 앞으로의 일이 잘될 것으로 여기는 낙관적인 사고는 비관적인 사고보다 삶에 훨씬 좋은 영향을 준다. 신체적인 측면에서 보아도 긍정적인 사고는 스트레스를 줄이고 건강한 몸을 유지하게 도와준다. 하지만 맥락 없고 조건 없는 긍정은 오히려 목표를 달성하는 데 독이 된다.

전 세계 최고의 지도력 전문가 존 맥스웰은 "오늘은 어제 생각한 결과이다. 우리의 내일은 오늘 무슨 생각을 하느냐에 달려 있다. 실패한 사람들의 생각은 생존에, 평범한 사람들은 현상 유지에, 성공한 사람들은 생각이 발전에 집중되어 있다."라고 말했다.

아무런 노력 없이 삶에 만족한다고 말하는 것은 현상 유지에 머무는 것일 뿐이다. 긍정이 필요한 이유는 미래가 두렵기 때문이다.

발전을 생각하고 노력하며 미래를 두려움이 아닌 긍정적으로 바라보는 것이 존 맥스웰이 말한 발전에 집중된 생각과 같은 것이다. **목표를 향해 발전적인 행동은 하지 않으면서 그저 긍정적인 미래만 그리는 것은 망상하는 것, 그 이상 그 이하도 아니다.**

나는 당신이 미래를 위해 첫발을 내디딜 때 누구보다 좋은 신발을 신고 있기를 바란다. 내가 **기록을 강조하는 것은 다른 도구들보다 가장 접근하기 쉽고 효과가 높은 방법이기 때문**이다. 무작정 혼자 독서하기를 시도하면 실패하기 쉽다. 책만 펼치면 졸리고 내용도 잘 이해가 되지 않아 금방 포기한다.

영어 공부도 마찬가지다. 처음에 가졌던 의지를 계속 불태우며 혼자서 헤쳐 나가기란 여간 어려운 일이 아니다. 하지만 기록은 펜과 종이만 있으면 시작할 수 있다. 펜을 들고 적는 순간부터 내적인 변화는 이미 시작된 것이다. 기록을 습관으로 만들고 행동으로 파생시키면 물리적인 변화가 시작된다. 기록은 지금 당장이라도 시작할 수 있다. 기록은 엄청나고 강력한 실행 도구이다.

모든 학습은 입력보다는 출력이 더욱더 효과적이다. 학원에 앉아서 강의만 듣고만 있으면 망각의 법칙에 따라 수업이 끝나는 순간 절반이 머릿속에서 사라진다. 하지만 배운 내용을 스스로 기록하고 정리해 보고 친구들에게 설명하게 되면 그것은 진짜 내 지식이 된다. 독서도 단순히 읽기만 하는 것보다 생각을 기록하고, 짧은 서평을 쓰고 책의 내용을 실천해야 진짜 내 것이 된다. **기록은 아웃풋의 가장 강력한 도구이다**. 기록은 자신 생각을 배출하는 것이기에 출력하는 가장 쉬운 방법이다. 이처럼 기록은 인생을 변화시키는 강력한 도구이다. 기록한 대로 당신의 인생이 바뀐다. **꾸준한 기록으로 자신의 목표를 적고 그 방향대로 살고 있는지 매일 기록으로 점검하면 당신의 인생은 바뀌게 될 것이다.**

괴테는 말했다. "꿈을 품고 뭔가 할 수 있다면 그것을 시작하라. 새로운 일을 시작하는 용기 속에 당신의 천재성과 능력과 기적이 모두 숨어 있다." 목표를 세우고 기록을 한 당신은 앞으로 자신의 엄청난 능력들을 보게 될 것이다. 원하는 모습들이 하나둘씩 현실이 되면 그것은 기적처럼 느껴질 것이다. 그 모든 것은 다른 누군가가 한 것이 아니고 당신이 만든 것이다. 당신이 지금, 이 순간 기록을 시작했기에 만들어진 결과이다. **당신의 손으로 만든 기록이 당신의 인생을 만든다.**

5장

기록의 마법,
3가지 핵심 비법

첫 번째,
행운을 부르는 3가지 기록

좋은 일이 생기면 '감사합니다'라고 말하고
안 좋은 일이 생겼을 때는 '고맙습니다'라고 말하라.

- 이쓰카이치 쓰요시

마지막으로 가장 강력한 3가지 비법을 이야기하고 마무리하자. 이 책의 모든 기록 방법을 삶에 적용하지는 못하더라도 여기서 말하는 3가지 핵심 비법만은 제대로 익히고 삶에 적용해 보자. **이 비법을 가지고 살아간다면 인생은 반드시 변화한다.** 3가지 비법은 이 세상의 수많은 사람을 성공으로 이끌었다. 각 비법 안에는 3가지 기록의 방법들이 적혀 있다. 전혀 어렵지 않으니 당신의 인생에

꼭 적용해 보길 바란다.

첫 번째 비법은 삶에 행운을 부르는 3가지 기록이다. 당신의 삶에 행운을 가득 채우고 싶다면 아래 3가지 방법으로 매일 기록하면 된다.

기록 방법 ❶ 긍정을 기록하라

지금까지 이 책에서 가장 강조한 것이 '긍정 기록'이다. 당신은 기록이라는 도구를 통해서 긍정 체질로 변화해야 한다. 인간은 본능적으로 부정적인 것을 먼저 찾는다고 여러 번 이야기했다. 긍정은 의식하지 않으면 마음속에서 생겨나지 않는다. 긍정은 당신이 노력해야만 밖으로 나온다. 반복적인 노력을 통해 당신의 체질을 긍정으로 바꿔야 한다. 당신이 현재 가진 것들에 집중할 수 있어야 한다. 그래야만 삶을 긍정적으로 살 수 있다. 매일 당신이 가진 것을 알아차리고 기록으로 당신의 삶을 긍정으로 채워라.

기록 방법 ❷ 감사를 기록하라

긍정을 더 극대화하는 좋은 방법은 '감사하는 것'이다. 당신이 가진 것을 알아차림과 동시에 감사하는 마음을 가진다면 삶에 더욱 큰 행운을 불러온다. 처음에는 억지로라도 감사하는 연습을 해야 한다. '이런 상황에서도 감사하라고?'라는 생각이 들 때 감사의 말을 뱉을 수 있는 자는 삶의 모든 순간을 감사로 채울 수 있다.

감사를 말하고 기록하는 것을 반복함으로 감사를 삶에 직접적으로 불어넣을 수 있다. 가진 것에 집중하는 긍정적인 기록과 함께 "감사합니다." "고맙습니다."라는 말을 넣자.

기록 방법 ❸ 운이 좋음을 기록하라

운이라는 것은 자신이 운이 좋다고 생각하는 사람에게 들어온다. '나는 운이 좋아.'라고 생각할 수 있는 것도 긍정과 감사의 마음이 있어야 가능하다. 긍정과 감사를 통해 자신의 운이 좋음을 인정하는 기록은 당신의 삶에 행운을 가득하게 돕는다. 행복해지고 싶은가? 긍정하라. 행복한 삶을 원하는가? 감사하자. 행복이 가득하고 싶은가? 운이 좋다고 생각하자.

매일 '긍정, 감사, 운', 이 3가지를 조합해 감사 일기를 적어라. 일상에서도 가진 것에 집중하고 긍정할 수 있도록, 어떤 순간에도 감사하는 마음을 가질 수 있도록, 어떤 상황이 닥쳐와도 운이 좋다고 생각할 수 있도록 매일매일 기록하라. 그러면 당신의 삶에 행운이 가득해질 것이다.

당신의 행운을 부르는 3가지 기록 (긍정, 감사, 운)

1 _____
  _____
  _____

2 _____
  _____
  _____

3 _____
  _____
  _____

두 번째,
목표를 이루는 3가지 기록

당신이 목표로 하는 것들을 기록하지 않는다면,

당신은 뿌려지지 않은 씨만을 가진 것이다.

- 마이클 핸슨

　두 번째 비법은 목표를 이루는 3가지 기록이다. 당신의 목표를 삶에 가져오고 싶다면 아래 3가지 방법으로 기록해 보자.

기록 방법 ❶ 3가지 분명한 목표를 기록하라

　목표는 분명해야 한다. 목표한 모습이 머릿속에서 정확히 그려질 수 있도록 매우 구체적으로 만들어야 한다. 구체적인 목표만이 강력한 힘을 갖게 된다. 짧지만 강력한 당신만의 목표 문장을 기록하라. 표현도 분명해야 하지만 당신의 마음속에 명확하게 새겨져 있어야 한다. 많은 목표가 아닌 딱 3가지의 목표만이 당신의 것이 된다. 3가지 분명한 목표를 가지고 있다면 그것을 크게 기록하고 잘 보이는 곳에 붙여라. 그리고 매일 들여다보며 그것을 생생하게 머릿속에 그려라.

기록 방법 ❷ 3년 후의 모습을 기록하라

분명한 목표 3가지가 이루어졌을 때, 당신의 3년 후는 어떤 모습일 것 같은가? 목표를 분명하게 만드는 방법은 목표가 이루어진 모습을 아주 구체적으로 적어 보는 것이다. 3년 후로 기준을 잡고 미래를 생각하게 되면 현실에 너무 갇히지 않으면서도 추상적이지 않은 모습을 그릴 수 있다. 목표가 이루어졌을 때 행복해하는 자신 모습을 떠올리며 구체적인 상황과 감정까지 생생하게 기록하라. 목표가 이미 이루어진 것처럼….

기록 방법 ❸ 하루 3번씩 목표를 기록하라

목표가 분명하다는 것을 다른 말로 하면 목표가 당신의 머릿속에 항상 들어 있다는 것이다. 목표를 물어봤을 때 떠올리는 시간이 필요하다면 그것은 분명한 목표를 가진 것이 아니다. 구체적인 모습과 동시에 목표가 당신 안에 항상 들어 있어야 한다. 목표를 무의식에 각인하기 위해서는 매일 3번씩 당신의 목표를 기록해야 한다. 목표를 아침, 점심, 저녁 3번씩 매일 기록한다면 자연스럽게 외워진다. 자연스러워졌을 때 목표가 진정으로 당신 것이 되었다고 말할 수 있다. 매일 3가지 분명한 목표를 3번씩 적어 무의식에 각인시켜라.

당신의 분명한 목표 3가지

1 _____

_____

2 _____

_____

3 _____

_____

세 번째,
성공을 부르는 3가지 기록

시작하는 방법은 그만 말하고

이제 행동하는 것이다.

– 월트 디즈니

세 번째 비법은 성공을 부르는 3가지 기록이다. 당신의 삶을 성공으로 이끌고 싶다면 3가지 방법을 당신의 삶에 모습으로 만들어라.

기록 방법 ❶ 3가지 핵심 할 일을 매일 기록하고 실천하라

3가지 목표는 당신이 분명하게 목표에만 집중할 수 있도록 해준다. 이처럼 3가지 핵심 할 일은 당신의 하루를 성공으로 집중하게 하는 방법이다. 3가지 중요한 일을 매일 해낸다면 당신이 사용하는 시간의 질은 엄청나게 높아진다. 질 높은 시간이 쌓일수록 당신의 삶의 모습도 더욱 향상된다.

매일 핵심적인 3가지 중요한 일을 설정하고 그것을 기록하라. 한 달만 실행해도 100개의 중요한 일을 처리하게 된다. 기록으로 생산성 높은 시간을 만드는 것은 성공으로 가는 길을 닦는 것이다. 매일 3가지 할 일을 기록하고 실천한다면 당신은 성공으로 가는 쭉 뻗은 길을 달리는 것과 같다.

기록 방법 ❷ 하루를 3개로 쪼개서 기록하라

우리가 아침, 점심, 저녁에 밥을 먹듯이 당신의 시간도 하루를 3개로 쪼개서 관리하라. 매시간 무엇을 했는지 기록하고 평가하라. 최소한 하루에 3번이라도 당신이 시간을 어떻게 썼는지 들여다보고 기록하라. 당신의 시간을 제대로 기록한다면 하루를 하나가 아니라 3개로 살 수 있다.

시간이 없다고? 천만의 말씀이다. 당신은 시간이 없는 것이 아니라 시간을 만들지 못하는 것이다. 기록을 통해 시간을 관리한다면 당신이 보지 못했던 시간이 보이기 시작한다. 시간을 기록해야 삶이 변한다. 지금 당장 펜을 들고 당신의 시간을 창조하라. 시간은 돈보다 귀하다.

기록 방법 ❸ 아침 3분 루틴을 만들어 행운과 목표, 성공을 끌어내라.

3분 루틴에는 지금까지 말한 모든 비법이 들어가야 한다. 3분짜리 핵심 루틴들을 생성하라. 3분이면 정말 많은 것을 할 수 있다. 매일 아침 감사를 기록하는 3분, 매일 목표를 기록하는 3분, 하루를 돌아보는 기록의 3분 등등…. 3분으로 할 수 있는 당신만의 루틴을 삶에 추가하라. 3분의 짧은 시간으로 행운과 목표 그리고 성공을 당신의 삶으로 끌어 올 수 있다.

기록은 마법이다. 당신의 삶을 행복하게 만들 수도 있고 불행하게 만들 수도 있다. 기록하는 것은 당신의 삶이 의미 있다고 스스로 알려주는 것이다. 스스로 의미 있는 삶이라고 느끼면 수용소의 잔혹함이라도 당신의 삶을 빼앗아 갈 수 없다. 3가지 핵심 비법의 기록 방법들을 적용해 당신의 삶에 가득 채워라. 기록의 마법이 당신의 삶에 찾아오기 시작할 것이다.

에필로그

당신이 이 책을 통해 얻은 3가지는 무엇인가? 아래 빈칸에 한번 적어 보라.

1 _____

2 _____

3 _____

책의 마지막을 장식하는 에필로그에서도 기록하라고 말하는 나에게 진절머리가 나는가? 그렇다면 성공이다! 아마 당신은 머릿속으로 징글징글하다 생각하면서 손은 펜을 찾아 기록하려 하고 있을 것이다. 이제 기록이 삶에 들어온 것이다.

드디어 당신은 기록과 함께하는 3%의 삶을 살게 되었다. 이제 남은 것은 기록을 꾸준히 삶에 적용해 1퍼센트의 삶으로 가는 것이다.

나는 이 책을 3가지 목적을 갖고 기록했다.
첫 번째, 펜을 들게 한다.
두 번째, 기록하게 한다.
세 번째, 분명한 3가지 목표를 갖게 한다.

여기까지 읽은 독자라면 위의 항목들을 모두 실행했을 것이다. 분명한 3가지는 사람을 움직이게 만든다. 이 책도 딱 3개의 분명한 목적이 있었기에 당신을 움직이도록 만들었다. 무엇이든 단 3가지의 분명한 목표(혹은 목적)가 있다면 아주 강력한 힘을 갖는다.

책을 마무리하며 기록을 아주 효과적으로 적용하는 마지막 비법을 공개하려 한다. 그것은 바로 **'숫자 3을 기록과 함께 사용하는**

것'이다. 이 책에도 숫자 3이 여러 번 나왔다. 3가지 목표, 3년 후의 모습, 3분의 기록, 3시간의 집중, 목표를 달성하는 3% 등 수많은 3이 등장했다. 3은 균형을 맞춰준다. 3은 무엇이든 분명하게 각인시켜준다. 3은 호기심을 자극하는 아주 강력한 숫자이다.

당신이 기록한 목표 3가지는 분리되어 있지 않다. 3개의 목표는 서로 균형을 맞춰주는 역할을 한다. 세상에는 소중한 것이 너무 많지만 모든 것을 신경 쓸 수는 없다. 반대로 한 가지에만 너무 치우친다면 삶의 밸런스도 깨진다. 일에만 몰두한다면 사랑하는 사람을 챙기지 못하고, 주변 관계에만 치우친다면 자신을 돌아보지 못하게 된다. 살아있는 3개의 목표는 삶의 균형을 잡아주는 역할을 할 것이다.

3년이라는 기간도 1년과 5년의 중간에서 밸런스를 맞춰준다. 1년이라는 기간은 당신의 생각을 현재의 모습 갇히게 만들어 큰 꿈을 꾸지 못하게 막는다. 반대로 5년은 생각보다 긴 시간이기에 머릿속에 명확히 그려지지 않는 추상적인 목표를 설정하게 만든다. 3년이라는 시간은 현재에 갇히지 않게 만듦과 동시에 먼 미래의 망상에 빠지지 않도록 균형을 잡아준다.

2008년 어느 날, 강남역 횡단보도 한복판에서 한 명의 남성이 하늘을 쳐다보고 있었다. 횡단보도를 건너던 사람들은 아무도 그 남성을 신경 쓰지 않았다. 조금 뒤 다른 한 남성이 같이 하늘을 바라보았지만 사람들은 두 명의 남성을 이상한 사람 취급하며 유유히 그들 사이를 지나갔다. 잠시 후 한 남성이 더 등장했다. 세 명의 남성이 하늘을 바라보며 손가락으로 가리키는 순간 엄청난 일이 벌어졌다. 사람들이 '뭐가 보인다는 거야?'라고 말하며 반응을 하기 시작한 것이다. 그리고 횡단보도를 지나가던 수많은 사람들이 함께 하늘을 쳐다보았다. 해당 사례는 EBS에서 3의 법칙을 실험하기 위해 진행한 것이다. 두 명까지는 주변 사람들의 이목을 끌지 못했다. 하지만 딱 한 명이 더 추가된 3명이 되는 순간 엄청난 변화를 만들어 냈다.

이처럼 숫자 3은 강력한 힘을 갖고 있다. 우리 주변을 둘러보면 세상의 많은 것들이 3가지로 구성되어 있다. 하늘과 땅과 바다/ 성부와 성자와 성령 (기독교에서의 삼위일체) / 가위 바위 보 / 테란 저그 프로토스 (스타크래프트의 종족명. 이 게임은 무승부가 거의 없을 정도로 밸런스가 완벽하다.)

기록과 함께 숫자 3을 잘 활용해 보라. 매일 3가지 할 일을 정하고 그것을 달성하라. 매일 3가지 감사를 기록하고 긍정적인 기분을 느껴라. 매일 3년 후의 목표를 기록하고 이미 이룬 것처럼 행동하라. 매일 기록으로 3%의 삶을 사는 사람이 되어라.

3의 법칙을 마지막으로 내가 알고 있는 기록의 모든 비법을 알려주었다. 이제 남은 것은 당신의 꾸준한 기록과 실천하는 삶이다. 3년 후 3가지 목표를 이룰 수 있다는 긍정적인 자세와 기록을 멈추지 않겠다는 강력한 다짐을 통해 삶을 변화시켜라. 지금 당장 펜을 들고 당신의 삶을 기록하라.

《슈퍼리치 부자들의 3분》은 내 인생 첫 번째 책이다. 집필 경험이 전무했던 내가 이렇게 책을 낼 수 있었던 이유는 주변의 도움 덕분이다. 먼저 신입 작가에게 선뜻 출간 제의를 해주시고 새로운 경험을 선물해 주신 케이미라클모닝 엄남미 대표님에게 정말 감사드린다. 매주 새벽에 모여 운동하며 나에게 용기를 불어넣어 준 오프로 멤버들에게 감사한다. 함께 책 읽기에 동참하며 누구보다 열심히 일하는 우리 회사의 모든 동료들에게 감사한다. 마지막으로 선배 작가로서 격려해 주시고 무한 응원을 보내주신 사랑하는 아버지와 어머니에게 감사하다고 전하고 싶다.

데일리 시트 기적의 기록 노트 양식

3가지 목표	3가지 감사 일기
.	.
.	.
.	.

3가지 중요한 일(장소, 시간 구체적으로 기입)
- .
- .
- .

할 일 목록

아침 ___ : ___ ~ ___ : ___
- ☐
- ☐
- ☐

오전&오후 ___ : ___ ~ ___ : ___
- ☐
- ☐
- ☐
- ☐
- ☐

저녁 ___ : ___ ~ ___ : ___
- ☐
- ☐
- ☐

하루 리뷰	3년 후 3가지 목표
.	.
.	.
.	.

참고문헌

도서

- 사카토 켄지, 《뇌를 움직이는 메모》, 비즈니스세상, 2009
- 조병천, 《365 매일 쓰는 메모 습관》, 북허브, 2009
- 박시현, 《나는 된다 잘 된다》, 유노북스, 2020
- 루이스 L.헤이, 《나는 할 수 있어》, 나들목, 2018
- 론다 번, 《시크릿》, 살림Biz, 2007
- 오시마 준이치, 《커피 한 잔의 명상으로 10억을 번 사람들(성공한 사람들의 100가지 명상)》, 나라원, 2010
- 클라우드 M.브리스톨, 《신념의 마력》, 아름다운사회, 2004
- 이시다 히사쓰구, 《3개의 소원 100일의 기적》, 세 개의소원, 2020
- 존 아사라프·머레이 스미스, 《THE ANSWER 해답》, 랜덤하우스코리아, 2008
- 캐롤라인 리프, 《뇌의 스위치를 켜라》, 순잔한나드, 2015
- 박시현, 《나는 된다 잘 된다》, 유노북스, 2020
- 헨리에트 앤 클라우저, 《종이 위의 기적 쓰면 이루어진다》, 한언, 2016
- 이민규, 《실행이 답이다》, 더난출판사, 2011
- 김승호, 《생각의 비밀》, 황금사자, 2015
- 찰스 두히그, 《습관의 힘》, 갤리온, 2012
- 미야모토 마유미, 《일본 최고의 대부호에게 배우는 돈을 부르는 말버릇》, 비즈니스북스, 2018
- 오프라 윈프리, 《내가 확실히 아는 것들》, 북하우스, 2014
- 앨런피즈·바바라피즈, 《결국 해내는 사람들의 원칙》, 반니, 2017
- 브라이언 트레이시, 《겟 스마트》, 빈티지하우스, 2017
- 이시우라 쇼이치, 《꿈이 이루어지는 시간 30일》, WISDOM, 2009
- 이쓰카이치 쓰요시, 《마법의 말》, 기담문고, 2011
- 크리스 베일리, 《그들이 어떻게 해내는지 나는 안다》, 알에이치코리아, 2016
- 신영준·고영성, 《완벽한공부법》, 로크미디어, 2017

- 로이 F. 바우마이스터·존 티어니,《의지력의 재발견》, 에코리브르, 2012
- 나폴레온 힐,《생각하라 그리고 부자가 되어라》, 반니, 2021
- 피터드러커,《자기경영노트》, 한국경제신문, 2019
- 제임스 W. 페니베이커·존 F. 에반스,《표현적글쓰기》, 엑스북스, 2017
- 바버라 프레드릭슨,《긍정의 발견》, 21세기북스, 2009
- 빅터 프랭클,《죽음의 수용소에서》, 청아출판사, 2020
- 앨런피즈·바바라피즈,《결국 해내는 사람들의 원칙》, 반니, 2017
- 그레그 S. 레이드,《실행의 힘》, 세종미디어, 2014
- 안데르스 에릭슨·로버트 풀,《1만 시간의 재발견》, 비즈니스북스, 2016
- 존 맥스웰,《사람은 무엇으로 성장하는가》, 비즈니스북스, 2012

기사

- 서울와이어, 〈적고 또 적은 메모습관을 길러라〉, www.seoulwire.com/news/articleView.html?idxno=428561, 2020
- 메디스팜투데이, 〈감정과 뇌의 관계〉,www.pharmstoday.com/news/articleView.html?idxno=37734, 2003
- 한국경제신문, 〈8000쪽 메모 남긴 다빈치…'노력형 천재'였다〉, https://www.hankyung.com/life/article/2020082746351
- 이코노미조선, 〈세계 거부를 키워낸 아버지들-타이거 우즈〉, http://economychosun.com/client/news/view.php?boardName=C05&t_num=2630
- BBC, 〈What you can learn from Einstein's quirky habits〉, BBC, www.bbc.com/future/article/20170612-what-you-can-learn-from-einsteins-quirky-habits, 2017
- 제주일보, 〈경영의 신,마쓰시타 고노스케〉,http://www.jejunews.com/news/articleView.html?idxno=284692
- 코메디닷컴, 〈다이어트 일기장이 체중 2배로 빼준다고?〉, https://kormedi.com/1185006/
- 아시아경제, 〈다이어트 성공…"기록에서 시작된다"〉, https://www.asiae.co.kr/article/2016112109522418826

- 한국건강증진개발원 정책개발팀, 〈직장인 신체활동 실태 설문조사 결과 보도자료〉, www.khealth.or.kr/board/view?linkId=501805&menuId=MENU00907, 2015
- 한겨레, 〈스마트폰 탓? 인간의 '집중 시간' 금붕어보다 짧아졌다〉, www.hani.co.kr/arti/economy/it/691683.html, 2015
- 잡코리아, 〈취준생이 꼽은 '자존감도둑' 2위 면접관, 1위는?〉, https://www.jobkorea.co.kr/goodjob/tip/view?News_No=12562&schCtgr=0&TS_XML

전문자료

- Gollwitzer, Peter M., 〈Implementation Intentions : Strong Effects of Simple Plans〉, 1999
- Jennifer L. Aaker, 〈If money does not make you happy, consider time〉, 2011

영상 및 기타 참고자료

- MBC 미스터리, 〈[서프라이즈] 코믹 연기의 귀재 '짐 캐리'! 돌아가신 아버지에게 천만 달러를?〉, www.youtube.com/watch?v=mk7GaJUcyS0, 2017Coffee Worker, 〈브라이언 트레이시-자수성가한 백만장자의 성공비법(한국)〉, www.youtube.com/watch?v=BGybHqCJokU
- 키미클립, 〈밥 프록터만 알고 있는 잘 되는 사람들의 성공 비밀/ 부자들한테만 있는 이것〉, www.youtube.com/watch?v=mEOWPQ2Elm4, 2021
- 나무위키, 〈망각곡선〉, https://namu.wiki/w/%EB%A7%9D%EA%B0%81%20%EA%B3%A1%EC%84%A0
- WIKIPEDIA, 〈Picture superiority effect〉, https://en.wikipedia.org/wiki/Picture_superiority_effect
- STUDYCODE, 〈[슬럼프의 CODE] 슬럼프 극복의 새로운 관점 | 동기부여, 공부자극 | 라이프 코드〉, www.youtube.com/watch?v=MBK1g8gyP48, 2019

- 허소미, 허소미지식아카데미 워크북, 강점 100가지
- 넷플릭스, 〈오징어게임〉, 2021
- EBS, 다큐프라임 - 제 1부 인간의 두 얼굴, 상황의 힘, 2008

슈퍼리치
부자들의 **3**분

초판 1쇄 인쇄 2022년 4월 22일
초판 1쇄 발행 2022년 4월 28일

지은이 | 옥은택
편집인 | 고은아
디자인 | 엔젤디자이너스
펴낸곳 | 케이미라클모닝
등 록 | 제2021-000020 호
주 소 | 서울 동대문구 전농로 16길 51, 102-604
전자우편 | kmiraclemorning@naver.com
전 화 | 070-8771-2052
ISBN 979-11-977597-4-1 (03320)
값 15,000원

- 이 책은 원저작자와의 독점계약으로 저작권법에 따라 보호를 받는 저작물입니다. 무단 전제와 복제를 금합니다.
- 이 책의 내용의 전부 또는 일부를 사용하려면 반드시 저작권자와 케이미라클모닝 출판사의 동의를 받아야 합니다.
- 잘못된 책은 구입하신 서점에서 교환해 드립니다.
- 케이미라클모닝 출판사 문에 노크해 주십시오. 어떤 영감과 생각이라도 환영합니다.